열경화성 플라스틱 PTs

페놀 PTs01
불포화 폴리에스터 수지 PTs02
에폭시 PTs03
실리콘 PTs04
멜라민 PTs05
폴리우레탄 PTs06

열가소성 플라스틱 PTp

범용 플라스틱
폴리에틸렌(PE) PTp00
저밀도 폴리에틸렌(LDPE) PTp01
고밀도 폴리에틸렌(HDPE) PTp02
폴리스티렌(PS) PTp03
폴리에틸렌테레프탈레이트(PET) PTp04
폴리염화비닐(PVC) PTp05
폴리아미드(PA) PTp06

엔지니어링 플라스틱
폴리카보네이트(PC) PTp07
폴리메틸메타크릴레이트(PMMA) PTp08

감15 플라스틱
GARM ISSUE 15 PLASTIC

초판 1쇄 인쇄 2020년 4월 3일
초판 2쇄 발행 2022년 3월 7일

발행인	윤재선
편집장	심영규
에디터	정신오, 정경화
디자인	그래픽스튜디오베이스
사진	나르실리온
교정·교열	하명란
발행처	에잇애플(주)
출판등록	2017. 4. 14.(제2017-000078호)
주소	06032 서울특별시 강남구 도산대로25길 36 3층
전화	02-537-1536
팩스	02-537-1532
전자우편	info@8apple.kr
홈페이지	garmmagazine.com
SNS	ⓘ garm_magazine
	ⓕ garmssi
ISBN	979-11-89485-12-2
	979-11-89485-09-2(세트)

· 파본이나 잘못된 책은 구입처에서 바꾸어 드립니다.
· 이 책은 저작권법에 따라 보호받는 저작물이므로 무단전재와 무단복제를 금지하며, 이 책 내용의 일부 또는 전부를 이용하려면 반드시 사전에 저작권자와 출판권자의 서면 동의를 받아야 합니다.
· 책값은 뒤표지에 있습니다.

Printed in Seoul, South Korea
All rights reserved. No part of this publication may be reproduced, stored in a retrieval system, or transmitted in any form or by any means, electronic, mechanical, photocopying, recording, or otherwise, without prior consent of the publisher.

8APPLE

감씨는 에잇애플에서 발행하는 건축재료 단행본 시리즈의 브랜드입니다.

GARM

감 매거진
열다섯 번째 재료
플라스틱

PLASTIC

garmSSI

PROLOGUE
건축의 무게

건물의 무게는 얼마나 될까? 지하층이 있는 콘크리트 구조로 설계된 중소 규모의 건물은 단위면적(1m²)당 약 1.8t 정도. 지하로 더 들어가거나 고층일 경우 철근과 콘크리트 양은 더 늘어난다. 고층의 대형 건물은 단위면적(1m²)당 약 2t 이상으로 추정된다. 용산에 있는 아모레퍼시픽그룹 사옥은 지하 7층, 지상 22층의 규모에 연면적은 188,902m²(약 57,143평)에 달한다. 철골구조와 철근콘크리트 구조에 노출콘크리트로 마감한 이 건물의 무게는 40만t 이상으로 추정된다. 이는 서울시 인구 약 54만 명의 몸무게다(75kg 성인 남자 기준). 상당하다.

건설 기술의 발전은 재료의 무게를 감당하는 과정이기도 하다. 거푸집은 중력을 거스르듯 콘크리트의 자유로운 형태를 가능하게 하고, 크레인은 무거운 자재를 높은 곳까지 세워 올린다. 재료와 재료를 잇는 결구 방식과 못, 피스 그리고 앵커 같은 연결 철물, 하드웨어도 그 무게를 감당하는 방법으로 개발되고 발전한다.

건물의 무게가 가벼워지면 건축 외의 다른 많은 분야에도 이른다. 우선 무게를 지탱하는 구조재의 양이 줄어든다. 그렇게 되면 자원을 절약하고 탄소 배출을 줄일 수 있다. 또 운반과 시공이 용이해짐에 따라 인건비가 감소하고 공기가 단축된다. 가공성이 높아지고 공장 제작과 현장 조립이 수월해져 시공 품질 또한 상승한다. 산업재해가 줄어들고 이는 곧 사회적 비용의 절약으로 이어진다.

한정된 자원의 질량 안에서 공학적으로 안정되고 외부 요소에 강하며, 더 넓은 공간을 점유하려는 노력은 지금까지 다양하게 이루어져 왔다. 이런 목적을 포용하며 혁신을 거듭해온 인간의 역사는 그 시대를 넘어서는 소재와 관련 기술의 발전으로 진보해왔다.

용도에 맞는 소재의 필요성은 중력, 열, 습도 등 자연의 제약이 존재하는 상황에서 극명히 드러난다. 단편적으로 우주산업이 그러하다. 우주선은 중력을 벗어나 혹독한 환경을 견뎌야 한다. 이를 위해 무게를 줄여 연료의 효율을 높이고, 첨단 코팅 기술로 마찰과 열에 강한 내구성과 표면 강도를 갖춘다.

'경량화'란 단순히 무게의 이야기가 아니다. 과함도 부족함도 없이 재료를 절제하여 쓰는 기술은 미래를 이끌어갈 또 하나의 지식이다. 한정된 자원으로 더 넓고 높은, 그리고 더 아름답고 기능적인 공간을 만들기 위한 가능성의 탐구다. 고갈되는 자원을 절약함으로써 지속가능성을 이루고, 자연 물질에 새로운 기능을 부여하여 주어진 한계를 뛰어넘는다. 결국 건축의 무게는 미래의 삶을 가늠하는 척도가 될 것이다.

소재 연구가 열악한 이곳에서 다른 시각으로 공간을 바라보는 이들의 관심을 통해 건축의 다이어트를 시도해본다.

_
2020년 4월
발행인 윤재선

EDITORIAL LETTER

인류의 숙제가 된 '신이 내린 선물'

플라스틱은 1950년대 대량생산이 가능해지면서 그 양이 기하급수적으로 늘었고, 지금까지 약 83억t에 달하는 제품이 생산되었다. 목재나 석재, 금속에 비하면 사용 기간이 터무니없이 짧지만 어느 재료보다 빠르게 발전해 지금은 모든 산업에 반드시 필요한 핵심 소재로 자리매김했다.

그렇다면 이 많은 플라스틱은 어디에 쓰이고 있을까? 미국의 과학 저널 「사이언스 어드밴스 Science Advances」에서 공개한 '2017년 응용 분야별 전 세계 플라스틱 소비량 분포'에 따르면, 1위는 1억 1500만t으로, 30%를 차지한 포장 산업이다. 그 뒤를 잇는 것이 17%를 차지한 건축과 건설 분야로, 소비량은 약 6410만t이다. 플라스틱 건축자재라니 조금 낯설다. 플라스틱은 종류가 다양하고 다른 재료와 외관이 유사해 크게 부각되지 않았다. 하지만 일부 소재는 탄성과 인장강도가 우수해 일찍부터 건축에 적용되었다.

가볍고 성형이 쉽다는 장점은 많은 건축가에게 영감을 주기도 했다. 일본의 건축가 SANAA Sejima and Nishizawa and Associates 는 도쿄 오모테산도에 자리한 디올 콘셉트 스토어, 스위스 비트라 캠퍼스의 생산공장에 흰색 아크릴을 적용해 경쾌함을 표현했다. 네덜란드의 건축가 렘 쿨하스 Rem Koolhaas 는 그간 여러 프로젝트에서 폴리카보네이트를 사용해 빛이 자유로이 넘나드는 밝은 분위기를 연출했다. 공유 오피스 스테이션 니오(2018)를 설계한 Atelier Archi@Mosphere 박경식 대표는 "플라스틱은 존재감이 강하지 않지만 공간에 은은하게 스며들어 한층 세련된 분위기를 만든다(p.72 참고)"고 말한다.

그러나 83억t의 플라스틱 중 완전히 분해된 것은 고작 20억t 뿐, 나머지 63억t은 폐기물로 남아 바다를 떠돌고 매립지에 쌓여있다. 가격이 저렴하면서 대량생산이 유리하고, 성형이 쉽다는 장점에 기대어 분해가 어렵다는 단점을 간과했기 때문이다. 이제 플라스틱은 '신이 내린 선물'이 아닌 '인류가 해결해야 할 숙제'가 되었다.

열다섯 번째 감 매거진은 플라스틱을 돌아보는 자리다. 그 시작은 친환경 이슈다. 편집부는 건축가와 전문가를 만나 각 분야에서 고안한 대안을 살펴보았다. 심해부터 우주까지 지구에 가득한 플라스틱을 해결하기 위해 각자의 위치에서 최선을 다하는 이들의 이야기를 듣다 보면 어두운 미래에 한 줌 희망이 보인다. 또한 플라스틱으로 통칭되어 미처 그 존재를 알아보지 못했던 소재들을 하나하나 파헤친다. 주방 상판으로 쓰이는 수지계 인조석부터 배수를 위한 파이프, 환기를 돕는 창까지. 공간 곳곳에 숨겨진 플라스틱을 탐구하고 올바른 사용법을 알아보자.

우리는 일상적으로 플라스틱을 사용하지만 그것이 좋은 재료인지에 대한 물음에는 여전히 답할 수 없다. 환경을 고려한다면 소비를 줄여야 하는 재료임이 분명하나 한편으로는 플라스틱으로만 구현할 수 있는 성능과 분야가 있다. 이제는 '소비를 줄이자'는 1차원적인 해결책이 아닌 효과적으로 사용하고 순환하는 방법을 고민해야 할 때다.

_
책임에디터 정신오

플라스틱의 원료인 펠릿. 착색제와 충전제를 섞어 기다란 막대 형태로 성형한 뒤 2~3cm 길이로 짧게 재단해 만든다.

고온에서 녹인 액체 상태의 플라스틱을 틀에 부어서 형태를 만드는 사출 성형 공정의 모습.

스페인의 건축설계사무소 셀가스 카노 Selgas Cano가 디자인한 2015 서펜타인 파빌리온.

아뜰리에 장Atelier Chang이 디자인한 〈Ripple Pavilion〉(2019).
아크릴 튜브를 서로 다른 높이로 설치해 물결을 만들었다.

건축가 SANAA가 설계한 일본 도쿄 오모테산도의 디올DIOR 플래그십스토어. 흰색 줄무늬가 인쇄된 반투명 아크릴 입면은 드레스의 주름을 연상케 한다.

GARM Magazine   15 Plastic   CONTENTS

18 **1. STORY OF PLASTIC**

20 History of Plastic 플라스틱의 두 얼굴
24 Characteristics of Plastic 플라스틱을 표현하는 여섯 개의 키워드
28 Sorts of Plastic 공간에서 만나는 열세 가지 플라스틱

34 **2. ECO-FRIENDLY PLASTIC**

36 Interview 순환하는 플라스틱을 연구하다: SK케미칼 코폴리에스터 사업부 방지환 매니저
42 Interview 자원의 새활용을 디자인하다: 프래그 랩 이건희 공동대표
48 Interview 지속가능한 플라스틱 파빌리온: 바래(BARE) 전진홍, 최윤희 건축가

56 **3. APPLICATION OF PLASTIC**

3.1 Soft Mood, Hard Texture: Polycarbonate 은은한 아름다움: 폴리카보네이트

60 Characteristics of Polycarbonate 시시각각 모습을 바꾸는 재료
62 Issue of Polycarbonate 폴리카보네이트의 유통과 쟁점
66 Interview 투명함과 견고함이 빛을 발하다: 단팔코리아 한영근 대표
72 Interview 소통하는 공유 오피스를 만들다: Atelier Archi@Mosphere 박경식 대표

3.2 Clear, Colorful Plastic: PMMA 유리의 투명함을 구현하다: 폴리메틸메타크릴레이트

80 Characteristics of PMMA 원재료의 단점을 보완한 재료
82 Interview 밋밋한 재료에 생동감을 그리다: 흥왕아크릴 김경희 실장
86 Interview 청량한 색을 머금은 공간: 스튜디오 김거실 김용철 대표

3.3 Light, Versatile Plastic: PVC 다양한 용도를 만족시키다: 폴리염화비닐

94   Characteristics of PVC 저렴하고 가볍고 제작이 쉬운 재료
98   Reportage 다양한 형태로 아름다운 빛을 전달하다: 코시스홀딩스 영업부 장승욱 상무
102 Interview PVC 파이프를 입은 건물: 건축사사무소 아뜰리에 마루 구국현 대표

3.4 Plastic in Space 공간 속의 플라스틱

110 Plastic as Skin 피부가 되는 얇은 재료
114 Plastic as Composite Material 플라스틱과 만난 복합재료
120 Interview 플라스틱 유닛으로 만든 적층 공간: HG-Architecture 국형걸 대표

4. SUPPLEMENT

128 일상에서 만나는 플라스틱

1

STORY OF PLASTIC

1.1 History of Plastic

1.2 Characteristics of Plastic

1.3 Sorts of Plastic

History of Plastic

플라스틱의 두 얼굴

플라스틱은 일상에서 섬유, 수지, 고무 등 다양한 모습으로 쓰인다. 그러나 안타깝게도 소비되는 양의 대부분은 분해되지 못하고 섬처럼 쌓여 인간과 환경을 위협한다. 동물을 보호하기 위해 개발되었던 플라스틱이 모순적으로 환경문제의 주범이 되기까지 그 과정을 따라가 본다. 글 정신오

플라스틱의 탄생

1863년 미국의 한 당구공 제조사는 당구공의 원료였던 코끼리의 상아를 대체하기 위해 신소재를 개발하는 공모를 냈다. 이에 1869년, 발명가 존 웨슬리 하얏트 John Wesley Hyatt는 면직물을 증류해 단단한 질감의 물질을 만들었고, '셀룰로이드celluloid'라는 이름으로 특허를 받았다. 이것이 플라스틱의 시초다. 셀룰로이드는 석유에서 원료를 추출해 만드는 현재의 제조 방식과 달리 천연자원을 이용해 친환경적이었다. 하지만 약한 충격에도 폭발해버리는 치명적인 단점으로 인해 상용화되지 못하고 빠르게 잊혀졌다.

그로부터 30여 년이 지난 1907년, 화학자 레오 베이클랜드Leo Baekeland가 합성수지를 원료로 한 플라스틱을 최초로 발명한다. 절연체를 연구하던 그는 독일의 화학자 아돌프 폰 바이어Adolf Von Baeyer가 페놀PTs01과 포름알데히드를 반응시켜 송진처럼 점성이 있는 액체를 만들었다는 자료를 바탕으로 액체 상태의 플라스틱, 베이클라이드bakelite를 개발한다. 전기 절연성과 쉽게 부식되지 않는 성질을 지닌 이 재료는 지금도 전선과 절연물질로 활발히 쓰인다.

이후 1937년 미국의 듀퐁Dupont 사가 나일론을 개발하고 칫솔, 스타킹과 같은 생활용품에 적용하면서 플라스틱의 수요는 빠르게 늘어난다.

산업의 발전과 함께한 플라스틱

플라스틱이 급격하게 발전한 것은 제2차 세계대전을 거치면서다. 당시 미국은 독일을 제압하기 위해 폴리에스터, 폴리우레탄PTs06, 폴리염화비닐(PVC)PTp05 같은 합성수지를 개발하고 전쟁에 응용했다. 스타킹의 주재료로 쓰이던 나일론은 낙하산의 원료가 되었고, 대포를 쏘기 위해 쌓은 포탑의 창에는 유리 대신 아크릴PTp08이 적용됐다. 또 헬멧의 소재를 금속에서 플라스틱으로 대체해 경량성을 더하기도 했다.

전쟁이 끝난 후 플라스틱은 본격적으로 산업에 적용되기 시작한다. 특히 1948년 듀폰의 화학자 얼 타파Earl Tupper가 레이더 케이블로 사용하던 폴리에틸렌PTp00으로 식품 저장 용기를 만들면서 식품 포장 분야에서 두각을 드러냈다. 페인트 통의 뚜껑을 밀봉하는 방식에 착안해 개발된 이 제품은 가벼우면서 쉽게 깨지지 않고, 유리보다 가격이 저렴해 소비자에게 큰 인기를 끌었다. 이후 그는 플라스틱 주방용품 브랜드인 타파웨어Tupperware를 설립하고, 냉동 전용용기인 펭귄 시리즈, 채소를 잘게 자르는 초퍼 등을 개발해 주방에 편리함을 더했다. 또 제2차 세계대전 당시 미국의 해군 엔지니어였던 존 헤트릭John Hetrick은 충격을 받으면 압력이 가해지면서 터지는 어뢰의 압축공기 시스템을 이용해 에어백을 만들었다. 그는 에어백이 순간적으로 팽창할 때 표면이 찢어지지 않도록 패브릭 대신 탄성이 강한 나일론을 적용했다. 그 밖에도 페트병의 소재로 사용하는 폴리에틸렌테레프탈레이트PTp04, 폴리카보네이트PTp07, 폴리스티렌PTp03 등이 차례로 개발되면서 일상에 편리함을 가져다주었다.

합성수지를 원료로 한 플라스틱을 최초로 발명한 레오 베이클랜드(왼쪽). 그가 개발한 베이클라이트는 회로, 전선 등으로 사용된다.

러시아 모스크바에 위치한 개러지 현대미술관. 폴리카보네이트 입면에 슬라이딩 방식을 적용해 내외부를 가변적으로 사용할 수 있도록 했다.

플라스틱을 적용한 공간

일상에서 흔하게 접하는 플라스틱은 일회용품이나 식품 용기, 비닐봉지 등으로 대부분 가볍고 쉽게 구겨진다. 그러나 일부 플라스틱은 강도가 높고 탄성이 우수해 가구, 실내 파티션 등으로 건축에서 내구성이 중요한 부위에 활용된다. 그중에서도 대중에게 가장 익숙한 플라스틱 자재는 PVC 바닥재다. PVC 바닥재가 대중에게 처음 소개된 때는 1933년 시카고 세계 박람회 Chicago World's Fair에서다. 발표 당시 내구성이 우수하고, 다양한 디자인을 만들 수 있다는 점에서 많은 주목을 받았다. 또 저렴한 가격과 우수한 탄성 덕분에 상업 공간을 비롯해 병원, 학교에 쓰였고 오늘날에는 목재, 석재 등 천연소재의 무늬와 질감을 모사하며 주거 공간의 대표 바닥재로 자리 잡았다. 현대에는 테이블 표면을 보호하는 필름으로 폴리에틸렌을, 좀 더 단단하고 가벼운 상판을 만들기 위해 폴리메틸메타크릴레이트 PMMA를 사용하며 활용 범위를 조금씩 넓히고 있다.

플라스틱은 외장재로도 활용도가 높다. 네덜란드의 건축가 렘 쿨하스는 러시아의 개러지 현대미술관 Garage Museum of Contemporary Art, 콘크리트 인 두바이 Concrete in Dubai 프로젝트에 폴리카보네이트를 적용했다. 두 곳 모두 창고로 쓰이던 공간을 갤러리, 복합 문화 공간으로 바꾼 사례로, 입면에 5m가 넘는 길이의 패널을 적용했다. 여기에 슬라이딩 방식을 접목해 입면을 여닫으며 내외부를 가변적으로 사용할 수 있다. 재료 특유의 질감은 낮에는 금속을 닮은 외관으로, 밤에는 공간의 실루엣을 보여주며 건물을 시시각각 다른 모습으로 바꾼다.

일본의 건축가 SANAA는 스위스 비트라 캠퍼스의 가구 공장 입면을 아크릴로 마감했다. SANAA는 "공장하면 떠오르는 시끄럽고 더러운 이미지에서 벗어나고자 했다"고 말한다. 그들은 과거 알바로 시자 Alvaro Siza가 계획한 비트라 공장의 재료였던 붉은 벽돌과 상반되는 소재를 고민했고, 표면이 매끄럽고 가벼운 아크릴을 선택했다. 높이 11m, 길이 500m의 흰색 아크릴은 원형의 공간을 커튼처럼 둥글게 감싸며 경쾌한 입면을 만든다.

친환경 플라스틱의 개발

플라스틱은 오랜 기간 사용되며 생활과 불가분의 관계가 되었지만 사실 많은 문제를 내포하고 있다. 분해과정에서 마이크로미터(μm) 단위 이하로 작아진 미세 플라스틱은 흡착성이 높아 잔류성 유기오염물질[1]을 축적하고, 피부나 소화기관, 폐를 통해 생물에 흡수되어 암과 같은 질병을 유발한다. 제조, 가공하는 단계에서 첨가되는 가소제, 색소, 산화방지제는 연소하는 과정에서 유독가스를 방출하기도 한다.

사실 플라스틱의 문제점은 2000년대 초반부터 이슈였다. 2016년 유럽의 플라스틱 및 고무기계 협회, EUROMAP에서 발표한 '세계 63개국의 포장용 플라스틱 생산량 및 소비량 조사 보고서'에 따르면 2015년 한국의 1인당 연간 플라스틱 소비량은 132.7kg으로 벨기에에 이어 가장 많았다. 실제로 우리는 일상생활에서 많은 플라스틱을 사용한다. 플라스틱 컵에 담긴 음료를 마시고, 일회용 용기에 담긴 도시락을 먹는다. 스티로폼과 랩으로 포장된 택배를 주문하고 하다못해 화장품, 머리끈처럼 작은 물건도 비닐로 포장한다.

이에 지나친 플라스틱의 사용을 줄이고, 재활용하려는 움직임이 전 세계에서 나타나고 있다. 그중 가장 잘 알려진 방법은 단연 **재활용**이다. 재활용은 방식에 따라 크게 물질회수, 연료화, 유화 환원으로 나뉜다. **물질회수**는 수명이 다한 제품을 작게 쪼개서 원료를 만들고 이를 재가공해 다시 제품으로 사용하는 방법이다. 주로 PET나 파이프에 쓰이는 폴리에틸렌을 이용한다. 세 방식 중 공정이 가장 단순하지만 새로 만든 제품보다 품질이 낮다. **연료화**는 폐플라스틱을 압축한 뒤 300~400℃에서 오랜 시간 가열해 석유 에너지를 만드는 방식이다. 주로 폴리에틸렌과 폴리프로필렌, 폴리스티렌을 이용하고 연료화 과정을 통해 얻어진 에너지는 제철소나 소각장에서 사용된다. **유화 환원**은 고분자를 화학적 방법으로 분해해서 다시 새로운 물질을 만드는 방식이다. 폐기물을 최소화할 수 있지만 많은 에너지가 들어 국내에서는 크게 적용되지 않는다.

최근에는 분해 가능한 '**바이오 플라스틱**'도 주목받고 있다. 바이오 플라스틱은 미생물이 분해 가능한 성분을 원료로 해 자원이 순환하게끔 만든 물질이다(p.36 참고). 세계 바이오 플라스틱 시장은 2017년 기준 170억 달러 규모로 파악되고, 이후 연평균 19.2% 성장하여 2022년에는 409억 달러의 시장 규모를 형성할 것으로 전망된다.

용어정리
1) 잔류성 유기오염물질: 자연환경 내에서 화학적, 생물학적, 그리고 광분해 과정에 의해서 쉽게 분해되지 않는 유기화합물.

몰디브의 수도 말레에서 7km 떨어진 인공 섬 틸라푸시. 주변 섬의 폐기물 처리장으로 쓰여 섬 전체가 쓰레기로 뒤덮였다.

Characteristics of Plastic

플라스틱을 표현하는 여섯 개의 키워드

플라스틱을 공업적으로 사용하기 시작한 것은 1세기 정도밖에 되지 않았다. 짧은 기간이지만 그동안 수많은 종류가 개발되었고, 여러 산업에 활용되며 일상에 편리함을 선물했다. 여섯 개의 키워드로 플라스틱을 살펴보자. 글 정신오

플라스틱을 다재다능하게 만드는
고분자 구조

삼나무, 참나무, 에보니를 총칭하여 목재라 부르듯 플라스틱이라는 단어는 PVC[PTp05], 아크릴[PTp08], 폴리카보네이트[PTp07] 등 다양한 고분자 물질을 포함한다. 이들을 눈으로 구별하기는 어렵지만, 소재마다 물성이 조금씩 다르다.

 플라스틱은 열과 압력을 가해 고분자polymer를 결합시켜 만드는데, 고분자 간의 결합력에 따라 물성이 바뀐다. 결합이 강할수록 분자가 회전하거나 진동하는 운동이 적어 강도가 높다. 반대로 결합력이 약하면 분자의 운동이 활발해 강도가 낮고 쉽게 변형된다. 전자는 주로 건물의 외장재, 전자기기의 모니터 등 높은 강도를 필요로 하는 곳에, 후자는 비닐봉지처럼 유연성이 요구되는 곳에 적합하다.

 장단점이 뚜렷해 사용 분야가 제한적인 여느 재료와 달리 플라스틱은 소재마다 물성이 달라 다양한 선택지를 제공하고 대다수의 산업에 활용된다.

대량생산에 최적화된
성형성

'성형하기 알맞다'는 뜻의 그리스어 '플라스티코스plastikos'에서 유래한 이름으로 알 수 있듯, 플라스틱은 성형성이 우수하다. 틀만 있다면 자유롭게 형태를 구현할 수 있어 두께가 1mm 이하인 얇은 시트부터 조형미가 강조되는 예술 작품, 비정형 가구까지 다채롭게 쓰인다.

 플라스틱은 유리, 금속과 마찬가지로 원료를 녹여서 틀에 붓거나 롤러를 통과시키는 방식으로 제조한다. 하지만 녹는점이 1,000℃ 내외인 두 재료와 달리 작업 온도가 260℃ 정도로 낮아 상대적으로 적은 에너지로 성형이 가능하다. 덕분에 대량생산과 속도가 중요한 현대 산업에 안성맞춤이다.

소재의 활용 범위를 넓히는
경량성

플라스틱은 탄소, 수소, 산소 등 경량의 원자로 이루어져 있어 무게가 가볍다. 때문에 경량성이 요구되는 산업에 주로 활용한다. 건축에서는 하중을 줄이면서 외부의 충격을 막을 수 있어 외장재로 쓰인다. 특히 면적이 넓어 무게에 대한 부담이 큰 스타디움과 같은 대공간의 지붕에 적합하다.

최근에는 유리섬유와 탄소섬유를 섞어 기계적 성질을 향상시킨 슈퍼 엔지니어링 플라스틱도 등장했다. 가벼우면서 철의 강도를 지닌 이 소재는 자동차, 항공 분야에서 금속의 대체재로 쓰여 몸체의 무게를 줄이고 연비를 높인다.

유리를 닮은
투명함

투명도는 고분자를 잇는 사슬의 배열에 따라 결정된다. 크게 배열이 불규칙한 비결정성 물질과 규칙적인 결정성 물질로 구분한다. **비결정성 물질**은 사슬 사이의 간격이 넓어서 빛이 자유롭게 통과할 수 있고 덕분에 외관이 투명하다. 반면 **결정성 물질**은 사슬 간의 결합이 강하고 촘촘해 빛이 투과하지 못하고 외관이 불투명하다.

하지만 100% 결정성이거나 비결정성인 경우는 없고, 가공 과정에서 배열의 비율을 조정하는 방법으로 투명도를 조절한다.

5

전류를 자유자재로 다루는
전기절연성

플라스틱은 절연성과 전도성을 모두 구현해 전기·전자 산업 분야에서 핵심 소재로 쓰인다.

처음 발명되었던 당시만 해도 플라스틱은 절연성 물질이었다. 전류가 흐르려면 전자가 사슬을 따라 이동해야 하는데, 플라스틱의 사슬은 고분자를 잇는 용도로 쓰여 전자가 움직일 틈이 없다. 그래서 초기에는 전선처럼 감전 위험이 있는 곳에 쓰였다.

전도성 플라스틱이 개발된 때는 1970년으로, 일본의 화학자 시라카와 히데키|Shirakawa Hideki가 고분자 고리를 두 개로 늘려 전기가 통하는 길을 만들었다. 현재 이 플라스틱은 발광다이오드LED, 형태를 바꾸는 플렉서블 디스플레이에 적용되고 있다.

6

환경을 해치는
반(反)환경성

플라스틱의 고분자 구조는 매우 안정적이어서 미생물이 분해하기 어렵고, 압력을 가하거나 화학약품을 써도 쉽게 깨지지 않는다. 태워서 소각할 수 있지만 일부 플라스틱의 경우 함유한 염소 성분이 함께 연소하면서 발암물질을 생성한다.

또 5mm 이하로 눈에 보이지 않는 미세 플라스틱은 먹이사슬을 거쳐 인체에 쌓이고 환경호르몬을 배출해 질병을 일으킨다.

Sorts of Plastic

공간에서 만나는 열세 가지 플라스틱

플라스틱은 열을 가했을 때의 상태 변화에 따라 열경화성과 열가소성으로 구분한다. 둘은 고분자 구조, 물성, 재활용 여부 등 여러 면에서 차이를 보인다. 수많은 종류 중 건축에 많이 쓰이는 열세 가지 플라스틱을 알아보자. 글 정신오

열경화성 플라스틱 PTs

고분자가 3차원 그물 구조로 얽힌 플라스틱을 뜻한다. 고분자를 연결하는 사슬의 결합력이 강해 열을 가해도 녹지 않고, 기체화되거나 가루 같은 고체 상태로 변한다. 경도와 강도, 내화학성이 뛰어나 공업용 재료로 활용한다. 하지만 열이나 압력을 가해도 녹지 않고, 재활용의 원료가 되는 펠릿pellet을 만들기 어려워 대개 일회성으로 사용한다.

페놀 수지 phenol resin PTs01

페놀과 포름알데히드를 반응시켜 만든 수지. 전기절연성이 우수해 산업 전반에서 부품의 원료로 사용한다. 또한 온도에 의한 변형이 적고 내약품성이 뛰어나 종이, 천 등의 소재에 내열성과 접착력을 높이는 용도로 쓰인다. 하지만 인장력을 가했을 때 늘어나는 연성이 적어 힘을 가하면 쉽게 깨진다(p.119 참고).

불포화 폴리에스터 수지 (UPR, unsaturated polyester resin) PTs02

폴리에스터와 비닐 단위체를 혼성중합1)하여 만든 수지. 점도가 낮은 액체 상태이고, 경화가 빠르다. 또한 굳을 때 가스와 같은 부산물이 발생하지 않아 저압에서 성형이 가능하다. 덕분에 여러 소재를 혼합해 새로운 물성을 구현하는 복합재료로 활발하게 쓰인다. 섬유를 첨가하여 강도를 높이는 섬유강화플라스틱(FRP, fiber reinforced plastics) 역시 원료로 불포화 폴리에스터 수지를 가장 많이 쓴다. 내후성이 우수하고 온도 변화에 대한 변형이 적어 선체, 욕조, 정화조의 단골 재료다.

에폭시 수지 epoxy resin PTs03

분자 중에 두개 이상의 에폭시기2)를 갖는 수지. 반응성이 커서 단독으로는 잘 쓰지 않고, 주로 경화제를 혼합해 강도와 내약품성을 향상시켜 사용한다.
    대개 액체 상태로 사용하고, 경화하면 강한 접착력이 생겨 금속, 목재, 플라스틱의 접착제로 쓰인다. 내수성과 내열성이 우수해 철근의 표면에 도포해 부식을 막는 용도로 사용하기도 한다(p.113 참고).

실리콘 수지 (규소 수지, silicone resin) PTs04

플라스틱은 대개 탄소를 중심으로 구조를 만들지만 실리콘 수지는 규소를 뼈대로 한다. 세계 최초로 실리콘을 상용화한 미국의 유리 제조 회사 코닝Corning은 이 재료를 '암석으로부터의 수지'라고 소개하기도 했다.
    실리콘 수지는 180~220℃에서도 쓸 수 있을 정도로 내열성이 뛰어나다. 또한 내후성, 내수성, 물을 튕겨내는 발수성이 우수해 부식되기 쉬운 철 구조물의 코팅재로 활발하게 쓰인다.

멜라민 수지 melamine resin PTs05

멜라민과 포름알데히드를 그물 모양으로 중합하여 만든 플라스틱이다. 견고하여 스크래치가 잘 생기지 않고 열에 강해 유아용 식기, 물병 등 열을 직접 받는 용도에 사용한다. 내화학성이 우수해 페인트, 섬유, 종이의 가공에 활용하기도 한다(p.119 참고).

폴리우레탄 polyurethane PTs06

알코올기와 아이소사이안산기의 결합으로 만들어진 수지. 우레탄은 열가소성이지만, 대개는 합성 과정에서 하나의 사슬이 다른 사슬과 이어지는 가교화가 일어나고 그 결과, 3차원의 그물 구조가 형성되어 열경화성 수지가 된다.
    폴리우레탄은 제조 방식에 따라 열로 녹여서 성형하면 열가소성, 액체 상태의 원료에 열을 가해 굳히면 열경화성으로 구분한다. 열가소성은 인장강도, 내마모성 등의 기계적 강도가 우수하고 탄성이 좋다. 단열재, 흡음재로 사용하는 우레탄 폼, 합성 고무가 대표적이다. 열경화성 제품인 폴리우레탄 페인트는 접착력이 강하고 방수 성능, 내화학성이 우수하다. 목재용 페인트, 공장 설비나 전기 부품을 도장하는 데 쓰인다(p.118 참고).

열가소성 플라스틱 PTp

고분자가 선이나 나뭇가지 모양으로 결합된 플라스틱을 뜻한다. 고분자를 잇는 사슬 간의 상호작용이 약해 유리 전이 온도[3] 이상으로 가열하면 녹고, 냉각하면 고체 상태로 돌아간다. 주로 고온에서 유동성을 갖게 한 뒤 압력을 가해 뽑아내는 압출 방식으로 성형한다. 수명이 다해도 녹여서 다른 제품으로 재활용이 가능하다. 사용 가능한 온도 범위에 따라 100℃ 미만을 범용 플라스틱, 100℃ 이상, 150℃ 미만을 엔지니어링 플라스틱, 150℃ 이상을 슈퍼 엔지니어링 플라스틱으로 구분한다.

범용 플라스틱

포장재, 식품 용기, 장난감, 일회용품 등 일상에서 사용하는 플라스틱. 특별한 성능을 요구하지 않고, 가격이 저렴하다. 열가소성 수지 중 하나인 폴리프로필렌은 섬유로서의 활용도가 높아 〈감14 패브릭〉 편에서 상세히 소개한다.

폴리에틸렌 (PE, polyethylene) PTp00

에틸렌을 중합하여 만든 것으로, 불투명 또는 반투명한 분말 형태로 사용한다. 밀도에 따라 저밀도(LDPE, Low Density PolyEthylene)와 고밀도(HDPE, High Density PolyEthylene)로 나뉜다. **저밀도 폴리에틸렌** PTp01은 1,000atm의 고압에서 200℃로 가열하여 만든다. 가볍고 유연해 가공이 쉬우며 투명도가 높아 필름, 봉지 등에 적용된다. **고밀도 폴리에틸렌** PTp02은 약 10atm, 70℃에서 에틸렌을 중합시켜 만든다. 투명성은 떨어지지만 저밀도 폴리에틸렌보다 단단하고 충격에 강해 플라스틱 용기, 파이프 등의 원료로 쓰인다(p.111 참고).

폴리스티렌 (PS, polystyrene) PTp03

가볍고 굴절률이 높아 가공하기 쉬운 플라스틱. 단열재로 자주 쓰인다. 흔히 '스티로폼'이라고 부르는 제품은 폴리스티렌 수지에 열을 가하여 공기층을 더한 것으로, 정식 명칭은 발포 폴리스티렌(EPS, expanded polystyrene)이다. 공기층이 열을 차단해주어 단열 성능이 우수하다. 하지만 표면에 기공이 많아 습기에 약하다. 또 다른 단열재인 아이소핑크는 발포한 폴리스티렌을 압출해서 만든 것이다. 정식 명칭은 발포 압축 폴리스티렌(XPS, extruded polystyrene)으로 단단하고 내구성이 우수하다(p.118 참고).

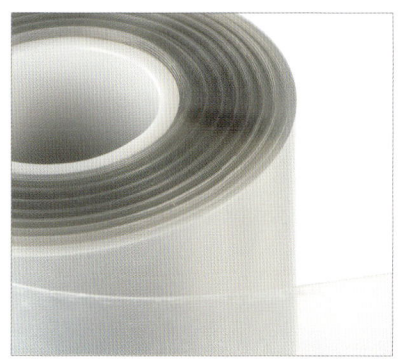

폴리에틸렌테레프탈레이트 (PET, Polyethylene Terephthalate) PTp04

테레프탈산과 에틸렌글리콜을 중합하여 만든 플라스틱(이하 PET). 유리나 금속보다 가볍고 투명해 포장재로 많이 쓰인다. 특히 기체 투과성이 매우 낮아 탄산음료의 용기로 활용도가 높다. 이러한 특징 때문에 일상에서는 플라스틱 병을 대부분 PET병이라 통칭한다. 건축에서는 내열성, 내구성이 우수하다는 성질을 이용해 장판, 가구의 필름 등으로 활용한다(p.112 참고).

폴리염화비닐 (PVC, poly vinyl chloride) PTp05

흔히 비닐이라고 불리는 플라스틱(이하 PVC). 일상에서 활발하게 쓰인다. 가소제의 첨가 비율에 따라 경질과 연질로 나뉜다. 가소제가 10% 미만인 경질은 단단하고 투명성이 우수하다. 그러나 가공이 어렵고 충격 강도가 낮다. 주로 수도관의 파이프로 쓰인다. 연질은 가소제를 10% 이상, 30% 미만 첨가한 것으로 경질보다 유연하고 탄력성이 우수하다. 식품을 포장하는 랩, 합성 피혁, 비닐봉지는 대부분 연질 PVC를 이용한다. 또한 전기절연성이 뛰어나 전선의 피복재로 활용하기도 한다(p.94 참고).

엔지니어링 플라스틱

100℃ 이상, 150℃ 미만에서 사용 가능한 플라스틱. 강도가 높고 가벼워 공업 재료로 사용한다. 탄성, 내충격성, 전기절연성이 우수해 생활용품, 항공기의 플랩, 경첩과 같은 2차 구조재 등 다양한 분야에 활용된다.

폴리아미드 (PA, polyamide) PTp06

합성섬유용으로 제작된 플라스틱. 나일론으로 잘 알려져 있다. 밀도가 낮고, 열안정성, 기계적 물성이 뛰어나다. 또한 내열성이 우수하고 열전도율이 낮아 알루미늄 창호에 열교를 막는 단열바로 사용한다.

섬유 형태의 폴리아미드는 압축강도와 휨강도를 향상시키는 강화제로 콘크리트와 혼합해 사용하기도 한다. 하지만 수분을 흡수하면 강도가 낮아지고 수축이 생긴다.

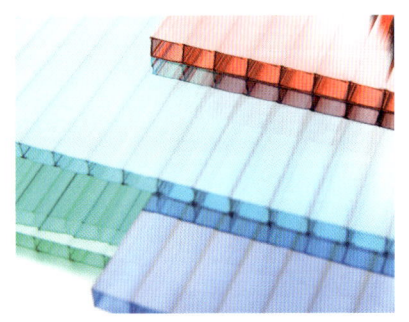

폴리카보네이트 (PC, polycarbonate) PTp07

유리보다 250배, 아크릴보다 30배 강도가 우수하고 열변형이 적다. 또한 가벼우면서 실내 채광이 가능해 외장재, 온실, 전화 부스 등으로 쓰인다. 그러나 내화학성이 낮고 자외선에 민감하다. 외부에 장기간 사용하면 표면이 갈색으로 변하는 황변 현상이 나타나므로 이에 대한 처리가 필요하다(p.60 참고).

폴리메틸메타크릴레이트 (PMMA, polymethylmethacrylate) PTp08

메타크릴산메틸MMA을 중합하여 얻는 수지(이하 PMMA). 흔히 아크릴이라 부른다. 재단하거나 색, 무늬를 입히는 가공이 쉬워 여러 분야에서 폭넓게 쓰인다. 빛 투과율과 굴절률이 높아 렌즈나 디스크 등 광학 부품으로 사용하기도 한다. 단, 기름과 같은 유기용제와 접촉하면 균열이 발생할 수 있다(p.80 참고).

플라스틱 종류 물성도

구분		종류	결합물	내열온도 (°C)	인장강도 (kgf/cm^2)	내산성	내알칼리성	주 적용 용도
열경화성 PTs		페놀 PTs01	페놀+포름알데히드	150	300~370	우수	우수	회로, 배전판
		불포화 폴리에스터 수지 PTs02	비닐단위체	150	300~650	우수	보통	선체, 정화조
		에폭시 PTs03	에폭시기	130	700~850	우수	우수	접착제
		실리콘 PTs04	규소	-	-	-	-	코팅재
		멜라민 PTs05	멜라민+포름알데히드	110~120	500~900	우수	우수	가구 표면재
		폴리우레탄 PTs06	알코올기+아이소사이안산기	-	250~600	부족	부족	단열재, 흡음재, 도료
열가소성 PTp	범용	폴리에틸렌 PTp00	에틸렌	70~120	500~1200	우수	우수	-
		저밀도 폴리에틸렌 PTp01	에틸렌	70~110	-	우수	우수	필름
		고밀도 폴리에틸렌 PTp02	에틸렌	90~120	500~1200	우수	우수	파이프
		폴리스티렌 PTp03	스티렌	70~90	350~600	우수	우수	단열재
		폴리에틸렌 테레프탈레이트 PTp04	테레프탈산+에틸렌글리콜	60~150	500~650	우수	보통	장판, 가구 필름
		폴리염화비닐 PTp05	염화비닐	60~70	460~600	우수	우수	파이프, 창호
	엔지니어링	폴리아미드 PTp06	산아미드	80~140	500~800	보통	우수	섬유, 강화제
		폴리카보네이트 PTp07	비스페놀A	70~90	560~670	우수	보통	외장재
		폴리메틸 메타크릴레이트 PTp08	매타크릴산메틸	70~90	670~780	우수	우수	가구, 간판

용어정리
1) 혼성중합: 2종 이상의 물질이 중합체를 만드는 반응.
2) 에폭시기: 탄소사슬 중에 두 탄소 원자, 혹은 탄소 고리 중에 두 탄소 원자에 산소 원자가 결합하여 3원환을 형성하고 있는 화합물.
3) 유리 전이 온도(glass transition temperature): 고체가 액체 상태가 되기 전 고무 상태가 되는 온도.

2

ECO-FRIENDLY PLASTIC

2.1 Interview 1
2.2 Interview 2
2.3 Interview 3

Interview 1

순환하는 플라스틱을 연구하다

최근 플라스틱이 친환경 문제로 직격탄을 맞게 되자 업계에서는 앞다투어 돌파구를 모색한다. 국내 대표 화학 소재 기업인 SK케미칼 또한 다양한 대체 소재를 연구개발하여 지속가능한 플라스틱을 만들고자 노력한다. 코폴리에스터 사업부 방지환 매니저는 "현대 생활에서 플라스틱은 빼놓을 수 없는 물질이다. 어쩔 수 없이 사용해야 한다면 영향을 최소화해야 하는데, 바이오 플라스틱은 이를 실현하는 효과적인 방법"이라고 말한다.

인터뷰 정경화 　인터뷰이 SK케미칼 코폴리에스터 사업부 방지환 매니저 　사진 제공 SK케미칼

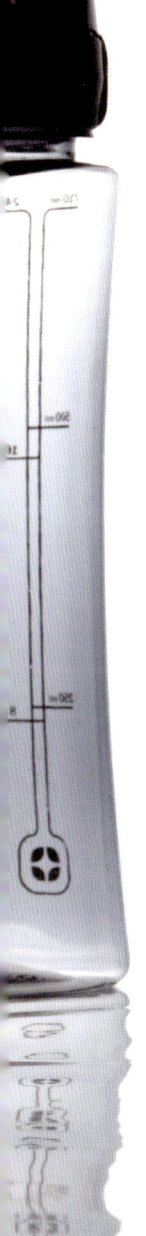

감씨(감): 플라스틱과 관련된 대표적 친환경 이슈는 분해가 어려운 것, 화석원료의 사용으로 인한 오염, 그리고 미세 플라스틱이다. 이들은 플라스틱의 어떤 특성에서 비롯되나?

방지환(방): 물질이 쉽게 분해되기 위해서는 화학적으로 불안정하거나 분자의 결합이 쉽게 끊어지는 구조여야 한다. 그러나 플라스틱은 화학적으로 안정된 물질이라 결합을 끊으려면 고열, 고압 등의 조건이 필요하다. 자연적으로 분해되는 데에는 짧게는 50년, 길게는 수백 년의 시간이 소요된다.

미세 플라스틱은 화장품, 생활용품 등에 인위적으로 넣거나 플라스틱을 생산, 폐기하는 공정, 또는 분해되는 과정에서 발생하는데, 먹이사슬을 통해 인체에 축적되어 악영향을 끼친다. 결론적으로 친환경 이슈는 분해되는 시간에 비해 너무 많은 양을 사용하고 버리기 때문에 비롯되는 문제다.

감: 기존 플라스틱 소재의 유해성 논란도 문제다.

방: 유해성은 현재 시점을 기준으로, 유해 물질로 알려진 성분의 포함 여부에 따라 판단한다. 유해 물질에 대한 기준은 국가마다 조금씩 다르다. 기존 플라스틱 중에서는 PVC PTp05 와 폴리카보네이트 PTp07 가 가장 광범위하게 쓰이면서 동시에 유해성 논란도 가장 많다. PVC는 부드러운 연질의 물성을 만들기 위해 가소제를 사용하는데, 가소제 물질 중 하나인 프탈레이트 phthalate가 생체의 내분비계를 교란시키는 환경호르몬으로 알려져 있다. 또한 PVC를 소각, 폐기하는 단계에서 불완전연소 하게 되면 발생하는 다이옥신 Dioxin도 대표적인 독성 물질이다. 폴리카보네이트는 내분비계 교란물질인 비스페놀A (Bisphenol A, BPA)를 주원료로 만든다. 아크릴의 재료가 되는 PMMA PTp08 의 주원료인 AN (아크릴로나이트릴, acrylonitrile), 그리고 ABS 수지를 구성하는 부타다이엔 모노머 butadiene monomer, 스티렌 모노머 styrene monomer는 발암물질로 알려져 있다. 이러한 유해 물질을 원료로 사용하지 않으면서 기존의 석유화학 계열 플라스틱과 물성이 유사한 소재를 찾는 과정에서 바이오 플라스틱을 개발하게 되었다.

감: 바이오 플라스틱은 어떤 원리로 해결책이 되나?

방: 바이오 플라스틱을 알기 위해서는 먼저 탄소중립 (카본 뉴트럴, Carbon Neutral)이라는 개념을 이해해야 한다. 탄소중립은 지구온난화의 주범인 온실가스 (GHG, Green House Gas) 의 배출을 줄이기 위한 시도 중 하나로, 제품의 전체 주기에서 탄소의 순 배출량이 0이 되는 순환 과정을 뜻한다. 쉽게 말해 석유나 석탄 자원을 시추하는 대신 지상에 존재하는 생물자원을 원료로 사용해 인위적인 탄소 배출을 최소화하는 것이다. 예를 들어 식물에서 추출한 물질로 만든 바이오 플라스틱이 폐기 단계에서 연소되면, 이때 발생한 탄소를 식물이 광합성을 통해 흡수한다. 이렇게 자란 식물은 다시 플라스틱의 원료가 되어 순환 구조를 이룬다. 이러한 시스템을 구현하기 위해

▽ SK케미칼의 바이오베이스 플라스틱인
에코젠의 원료.
▽▽ 생분해성 플라스틱의 원료가 되는
수지인 펠릿.

유기물 내에 존재하는 탄소를 활용하는 것이 화두가 되었다. 덕분에 풀, 해조류 등 식물 자원에 대한 관심이 높아졌고, 이를 원료로 만든 바이오 플라스틱이 각광받기 시작했다.

감: 바이오 플라스틱은 그 종류가 다양하다. 각각의 특징과 적용 용도에 대해 소개해 달라.
방: 크게 생분해성 플라스틱biodegradable plastic과 바이오베이스 플라스틱bio-based plastic, 산화생분해 플라스틱 세 가지로 나뉜다.

대표 주자는 생분해성 플라스틱이다. 이들은 바이오 성분을 함유하고 있어 퇴비화 조건에서 어느 정도 기간이 지나면 분해된다. 대표 물질인 PLApolylactic acid는 옥수수 전분을 발효시켜 만들고, 토양에 매립하면 자연적으로 분해된다. 그러나 석유화학 물질을 기반으로 하는 기존의 플라스틱에 비해 내열성, 광택, 투명성 등의 물성이 떨어진다. 이러한 단점을 보완하기 위해 최근에는 석유화학 계열의 플라스틱을 일부 섞는 원료 혼합compounding 공정을 거친다. 반면, 바이오베이스 플라스틱은 기존의 석유화학계 플라스틱과 성능이 거의 동일하면서 사탕수수, 돼지감자, 옥수수 등의 식물 자원에서 추출한 바이오 성분을 일부 함유한다. 대표 사례가 자사의 에코젠ECOZEN, 그리고 음료 용기로 많이 쓰이는 바이오 PET다.

산화생분해 플라스틱은 열, 햇빛 등에 의해 산화하면서 분해되는 소재다. 땅에 묻지 않아도 일정 시간이 지나면 분해되기 때문에 퇴비화 조건이 요구되는 생분해성 플라스틱과 차별화된다.

감: 바이오 플라스틱을 구분하는 기준이 있나?
방: 한국과 일본, 독일, 벨기에, 미국 5개국에서 바이오 플라스틱에 대한 인증제도를 운영한다. 생분해성 플라스틱 인증은 바이오 성분을 60~65% 이상 포함하면서 퇴비화 조건에서 원활하게 분해되는 것을, 바이오베이스 플라스틱 인증은 바이오 성분을 20~25% 이상 포함하는 것을 기준으로 판단한다. 그러나 국가별 인증제도는 해당 국가 내에서만 유효하고, 실질적인 효력이 크지 않아

(왼쪽부터) 환경부와
한국바이오플라스틱협회,
한국바이오소재패키징협회의
바이오 플라스틱 인증 마크.

아직까지는 한계가 있다.
  국내에서는 환경부와 한국바이오플라스틱협회, 한국바이오소재패키징협회 세 곳에서 인증제도를 운영한다.

감: 현재 전 세계에서, 그리고 SK케미칼에서 가장 활발히 개발 중인 분야는 무엇인가?
방: 바이오 플라스틱의 개발 초기부터 지금까지 가장 많이 연구되고 있는 것은 생분해성 플라스틱이다. 최근에는 동남아시아에서 특히 개발이 활발하다. 반면, 햇빛이 강한 중동에서는 산화생분해 플라스틱이 강세를 보인다. 이는 중국이 플라스틱 재사용을 위해 폐기물을 수입해오던 것을 중단하면서 더욱 촉발됐다. 그러나 이 두 소재는 물성의 한계가 뚜렷하고 재활용이 불가능해 용도가 제한된다. 우리는 생분해성 플라스틱을 연구하면서 바이오베이스 플라스틱 제품을 적극적으로 개발한다.

감: SK케미칼에서 생산하는 바이오 플라스틱 제품에 대해 소개해 달라.
방: 한국에서는 90년대 후반부터 바이오 소재 개발이 본격적으로 시작됐다. 우리는 이보다 더 빠르게 사업에 착수하여 2000년대 초, 옥수수에서 추출한 원료로 만든 바이오베이스 플라스틱인 에코젠을 전 세계 최초로 론칭했다. 2019년 10월에는 독일 뒤셀도르프에서 열리는 플라스틱 전시회인 K쇼에서 바이오베이스 플라스틱이면서 재활용 소재(PCR, post-consumer recycled)를 일부 포함한 에코트리아ECOTRIA를 처음 선보였다. 이외에 석유화학 계열이지만 유해성을 줄여 식품, 의학 분야에 적용 가능한 스카이펫SKYPET, 스카이그린SKYGREEN 등이 있다.

감: 이들 소재는 어떤 종류의 플라스틱을 대체하나?
방: 친환경 이슈가 있는 폴리카보네이트, PVC, ABS 수지, 아크릴을 주로 대체한다. 예를 들어 에코젠과 스카이그린은 투명하고 내화학성이 뛰어난 PVC의 물성을 충족하면서 유해 물질을 포함하지 않는다. 두 소재는 내화학성, 내오염성이 우수해 화장품이나 향수 용기에 쓰이고, 충격 강도와 내화학성이 뛰어나 건축에서는 공장이나 버스 정류장의 지붕, 캐노피 등에 적용된다. 또 투명성을 이용해 반도체 공장의 크린룸에서 유리를 대체하거나 조명에서 빛을 퍼트리는 확산판으로 사용하기도 한다. 이외에 가전, 생활용품 등이 있고, 에코젠은 특히 텀블러를 비롯한 식음료 용기에 활발히 적용되고 있다. 에코트리아는 아직 화장품 용기에 한하여 쓰이지만, 점차 용도를 확대할 예정이다. 건자재 분야에서는 화재가 생겼을 때 독성 물질인 다이옥신이 발생할 가능성이 있는 PVC의 대체재로 쓰인다. 주방 가구, 마루 바닥재 등 주거 공간에서 쓰이는 친환경 필름은 에코젠, 스카이그린을 원료로 하는 경우가 많다.

감: SK이노베이션에서는 폐플라스틱에서 추출한 원료를 재사용하는 방법으로 또 다른 의미에서의 친환경을 실천한다.
방: 바이오 플라스틱이 탄소중립을 바탕으로 한다면, 재활용은 만들어진 것을 다시 사용하는 것으로 개념이 완전히 다르다. 크게 물리적으로 분쇄해 만든 칩, 파우더를 원료로 사용하는 **기계적 재활용**mechanical recycling과 폐플라스틱을 화학적으로 분해한 다음, 이 원료를 다시 중합해서 플라스틱을 만드는 **화학적 재활용**(켐사이클링, chemical recycling)으로 나뉜다. 전자는 초기 투자 비용이 좀 더 저렴하지만,

사용된 제품을 회수, 분리하기가 어렵고 재사용하기 때문에 물성이 낮아진다. 반면 후자는 화학적 방법으로 원료를 분해하고, 이 물질로 다시 플라스틱을 만드는 것으로 물성 저하가 없다. SK이노베이션과 우리는 두 방법 모두 꾸준히 개발하고 있다.

감: 현재 바이오 플라스틱이나 리사이클링 플라스틱은 기존의 플라스틱을 얼마나 대체하고 있나?

방: 아직은 미미하다. 바이오 플라스틱은 주로 일회용품에 쓰이는데, 한번 사용하고 버려지는 것에는 사람들이 큰 비용을 투자하려 하지 않는다. 높은 단가도 문제다. 소재의 단가도 높지만 생산 공정과 기계를 소재에 맞게 바꾸는 대체 비용이 많이 들고 산업의 규모가 작아 가격이 비싸진다. 수요가 많아야 규모의 경제가 작용해 가격이 낮아지는데, 범용 소재에 비해 사용량이 작다. 에코젠을 비롯한 바이오베이스 플라스틱은 물성이 우수하고 재활용이 가능하다는 점에 집중해 사용 범위를 점차 넓혀가고 있다.

감: 바이오 플라스틱을 개발하고 상용화함에 있어 어려운 점은 또 어떤 것이 있나?

방: 아직까지 바이오 플라스틱은 시장에서 일종의 이슈에 가깝다. 환경에 좋다는 점에서 각광은 받지만 비싸고 물성이 떨어진다는 인식이 강해 수요로 이어지지 않는다. 현재 바이오 플라스틱 시장이 가장 잘 형성되어 있는 미국을 살펴보면, 정부 정책이 수요를 이끌어내는 데 큰 역할을 한다. 그중 하나가 농무성(USDA, United States Department of Agriculture)에서 주관하는 바이오 프리퍼드 biopreferred 프로그램이다. 바이오 성분을 포함한 제품을 인증하는 제도로, 공공 기관에서는 의무적으로 이

에코젠은 내화학성, 내오염성, 투명성이 뛰어나 조명, 텀블러, 냉장고 용기 등의 원료로 쓰인다.

인증을 받은 제품을 구매해야 한다. 인증 제품은 조달본부와의 거래에서 우선권을 갖고, 생산업체는 비용도 지원받을 수 있다. 또한 가전제품도 친환경 인증(EPEAT, Electronic Product Environmental Assessment Tool)에서 상위 등급을 받기 위한 항목 중 하나로 바이오 플라스틱이나 재활용 플라스틱의 사용이 있다. 이러한 제도 덕분에 정부와 관련 단체들은 바이오 플라스틱의 사용에 적극적이다.

반면, 국내에서는 에코젠이 화장품, 가전, 신용카드, 식품 포장재 등으로 용도를 꾸준히 확대하고 있으나, 전체 바이오 플라스틱 시장에서 봤을 때는 용도가 아직 식품 포장으로 제한적이다. 산업이 확대되기 위해서는 미국처럼 사용을 권장하는 정부의 정책이 필요하다.

감: 앞으로의 바이오 플라스틱 산업을 전망한다면?

방: 최근에는 바이오 플라스틱보다 이미 만들어진 소재를 다시 사용하는 재활용이 더 각광받는다. 많은 국가가 2025년까지 재활용 소재를 30% 이상 함유한 제품을 의무적으로 사용하도록 바꾸는 등 재활용을 장려하는 정책을 발표하고 있다. 잘 사용하고, 잘 버리고, 다시 사용하는 방법을 고민해야 할 때다.

방지환 (SK케미칼 코폴리에스터 사업부 매니저)
서강대학교 화학공학과와 동 대학원 경영전문대학원(MBA)을 졸업하고 현재 SK케미칼에서 바이오 플라스틱인 에코젠의 마케팅을 담당하고 있다. 한국바이오소재패키징협회 특별회원으로, 강연을 비롯한 여러 활동을 통해 바이오 플라스틱의 활성화와 정부 정책 반영을 위해 노력중이다.

Interview 2

자원의 새활용을 디자인하다

인류는 끊임없이 자원을 소비하고 배출한다. 그중에서도 플라스틱은 '생산에 5초, 소비는 5분, 분해에는 500년'이라는 수식어처럼, 만들기는 쉽지만 사라지기는 어려워 환경오염의 주범이라는 꼬리표가 늘 따라붙는다. 이러한 친환경 문제가 세계적으로 이슈가 되면서 일상에서 환경보호를 실천하는 움직임이 늘고 있다. 디자인 스튜디오 프래그에서 시작한 연구실, 프래그 랩 또한 '데스크 팩토리' 프로젝트를 통해 작지만 또렷하게 그들의 메시지를 전한다. 인터뷰 정경화 인터뷰이 프래그 랩 이건희 공동대표

감씨(감): '프레셔스 플라스틱'이라는 프로젝트를 계기로 '데스크 팩토리'를 시작했다. 구체적으로 어떤 작업인가?
이건희(이): 프레셔스 플라스틱은 2013년, 네덜란드 디자이너 데이브 하켄스Dave Hakkens가 시작한 오픈소스 프로젝트다. 플라스틱 제조업은 대규모 산업이기에 일반인이 가공이나 재활용 공정에 대한 정보를 접하기 어렵다. 그래서 데이브 하켄스는 누구나 플라스틱을 가공하고 새롭게 활용할 수 있도록 여러 장비를 만들고 기술을 무료로 공유했다. 2015년, 월간 「디자인」에서 처음 이 작업을 접하면서 흥미를 느꼈고, 그 후에 프레셔스 플라스틱 자료를 바탕으로 활동하는 프로젝트를 준비했다. 그리고 2016년, 청년허브에서 지원금을 받아 '데스크 팩토리'를 본격적으로 시작하게 됐다.

감: 어떤 방향으로 프로젝트를 발전시켰나?
이: 누구나 환경을 보호해야 한다고 생각은 하지만 정작 실천 방법을 잘 모른다. 환경보호가 낯선 이들을 직접 찾아가 경험을 제공하자는 목표로 기획한 것이 데스크 팩토리다. 때문에 움직이기 쉽고, 장비를 이용해 즉시 행위를 할 수 있는 것이 중요했다. 우리는 책상 정도로 크기가 작은 장비에 바퀴를 달아 이동이 쉽도록 했고, 접이식 선반을 제작해 가공 공간을 최대한 확보했다.

감: 플라스틱을 재활용하는 방식에 대해 좀 더 구체적으로 설명해 달라.
이: 재활용은 원료를 수집하는 것에서부터 시작한다. 대개 기관에서 받거나 폐플라스틱을 모아서 원료로 재가공한 펠릿을 쓴다. 폐플라스틱은 80% 이상이 일회용 음식물 용기이므로 라벨을 제거하고 이물질을 깨끗이 세척해야 한다. 종류별로 분류가 끝나면 분쇄기로 잘게 부수어 파티클을 만들고 이를 녹여 가래떡처럼 압출한다. 이렇게 만든 필라멘트는 층층이 쌓거나 속이 빈 틀에 주입하고 식힌 다음 틀을 분리하는 사출 과정을 거쳐 새로운 제품이 된다. 금형만 깨끗하게 제작하면 깔끔하고 정교하게 완성되므로 별도의 후가공은 필요 없다. 플라스틱의 장점이다.

감: 플라스틱은 종류가 굉장히 다양한데, 원료로는 어떤 소재를 사용하나?
이: 폴리에틸렌[PTp00], 폴리프로필렌, 폴리스티렌[PTp03] 세 가지 종류를 주로 사용한다. 폴리에틸렌은 페트병 뚜껑이 대표적이고 세제 용기, 우유 용기 등이 있다. 폴리프로필렌은 편의점의 일회용 도시락 용기, 폴리스티렌은 요구르트 용기에서 주로 얻는다. 페트병으로 익숙한 소재인 PET[PTp04]는 가공했을 때 유리처럼 깨지는 경우가 있어 사용하지 않는다.

❶ 수집

❷ 분쇄

❸ 압출

❹ 성형

폐플라스틱을 분쇄, 압출하여
만든 필라멘트로 화분과
팽이를 제작하는 과정.

감: 일반적인 재생 플라스틱과 차이점이 있나?
이: 대부분의 재활용 업체는 플라스틱을 녹이고 섞는 과정에서 스크류를 사용하는데, 이 방법으로 재활용한 소재는 단색이라 일반 플라스틱과 외관상 차이가 없다. 반면, 데스크 팩토리의 사출기는 스크류를 쓰지 않아 본래의 색이 그대로 남는다. 여러 색이 섞이면서 생긴 마블링은 독특하고 다채로운 아름다움을 내는 동시에 재활용했다는 이미지를 직관적으로 전달한다. 단점은 플라스틱 알갱이가 완전히 녹지 않고 남아있는 경우가 생긴다. 때문에 일관된 품질을 유지해야 하는 제조업체에서는 이 방법을 시도하기가 어렵다.

감: 주로 어떤 제품을 제작하나?
이: 키링의 참장식, 지퍼 고리 등 무게가 20g을 넘지 않는 액세서리를 주로 제작한다. 재활용이라는 메시지를 확산하는 데에는 작은 크기의 소품이 효과적이다. 제품의 크기가 커지면 재료가 많이 필요하고 시간이 오래 걸리는 데다, 데스크 팩토리 같은 간이 기계로는 원하는 만큼 높은 품질을 구현하기 어렵다. 사출기에서 원료를 담는 용량과 틀의 크기에도 한계가 있어 최대 규격이 15×3cm, 두께는 2~4mm 정도로 제한된다.
　　건축재료로 활용하는 경우에도 부피가 큰 하나의 자재보다는 작은 크기의 모듈을 여러 개 조합하는 형태로 만든다. 실제로 한 인테리어 업체로부터 폐플라스틱으로 단면이 15×15cm, 길이가 2~3m에 달하는 각재를 제작해 인테리어 자재로 쓰고 싶다는 의뢰를 받은 적이 있다. 그때도 지름이 30mm 정도인 구 모듈을 여러 개 엮어 발처럼 만드는 방법을 역으로 제안했다.

(위쪽부터) 폐플라스틱을 분쇄해 만든 원료와 제품을 찍어내는 틀, 그리고 이를 이용해 제작한 키링과 지퍼 고리 제품.

감: '바라던 바다' 프로젝트에서는 제주 바다에서 모은 플라스틱 쓰레기로 기타 피크를 제작했다.

이: '바라던 바다'는 환경·예술 창작 집단인 재주도좋아에서 제주 바다의 환경보호를 위한 프로젝트 중 하나로 기획한 음악 축제다. 우리는 폐플라스틱으로 키링을 만드는 워크숍을 진행하고 기타 피크를 제작했다. 처음에는 바다에서 수집한 플라스틱 쓰레기로 LP 음반을 만들려 했다. 그러나 LP판의 재료인 PVC[PTp05]는 환경호르몬 때문에 우리가 취급하지 않는 재료였고, LP 제작업체에서는 오래된 LP 제작 기계에 폐플라스틱을 넣었을 때 고장이 나지 않을까 우려했다. 그래서 LP 대신 기타 피크를 만들기로 하고, 200~300개를 제작해 펀딩 리워드로 제공했다.

감: 작업을 하면서 아쉬웠던 부분은 어떤 것이 있었나?

이: 하나의 물건을 만드는 데에 너무 많은 종류의 플라스틱이 쓰인다. 페트병을 예로 들면, 몸체는 PET로, 라벨은 폴리프로필렌으로, 뚜껑은 고밀도 폴리에틸렌[PTp02]으로 만든다. 어떤 뚜껑은 밖은 폴리프로필렌, 안은 고밀도 폴리에틸렌이고, 도금 같은 후가공을 하기도 한다. 이렇게 여러 종류가 섞이고 일체화되면 분류하고 재활용하기가 매우 어렵다. 건물을 지을 때 해체를 감안한 설계가 필요하듯, 제품도 수명이 끝난 다음의 모습까지 고민해서 제작했으면 한다. 재료를 가능한 한 통일하는 것이 방법이 될 수 있다.

또 재활용 과정은 모두 수작업이라 어렵고 비용이 많이 든다. 동대문에서는 하나에 몇십 원이면 살 수 있는 지퍼 고리를, 재활용 플라스틱으로 만들면 가격이 오백 원 정도는 되어야 수지가 맞다.

KT&G 상상마당의
〈PLASTIC LOVE〉
전시에 설치된 분쇄기와
사출기의 모습.

갑: 앞으로 친환경을 위해 어떤 작업들을 더 해보려 하나?

이: 우리만의 아이디어로 제품을 제작하는 것도 중요하지만 공공으로 확장해야 인식을 개선할 수 있다. 그래서 커뮤니티를 활성화하는 것에 집중한다. 플라스틱으로 무언가를 해볼 수 있도록 오픈소스와 장비를 부지런히 제공하고, 공동체와 함께 활동하는 기회를 꾸준히 만들고 있다. 서울혁신파크의 크리킨디센터에 압출기, 사출기, 분쇄기를 비치해 누구나 사용할 수 있도록 했고, 기계 사용과 공간의 이용에 대한 가이드라인을 좀 더 쉽게 소개하는 방법을 논의 중이다.

디자이너로서 프로젝트를 진행할 때에도 가능하면 친환경 자재를 제안한다. 목재와 달리 금속과 플라스틱은 '한번 녹여서 다시 쓰면 되지'라고 안일하게 생각하기 쉽다. 플라스틱은 사라지지 않아서 더 문제가 되지만 금속도 제조과정에서 많은 양의 에너지를 소모하고 오염물질을 생성한다. 소재에 관계없이 무엇이든 적절히 쓰는 것이 중요하다.

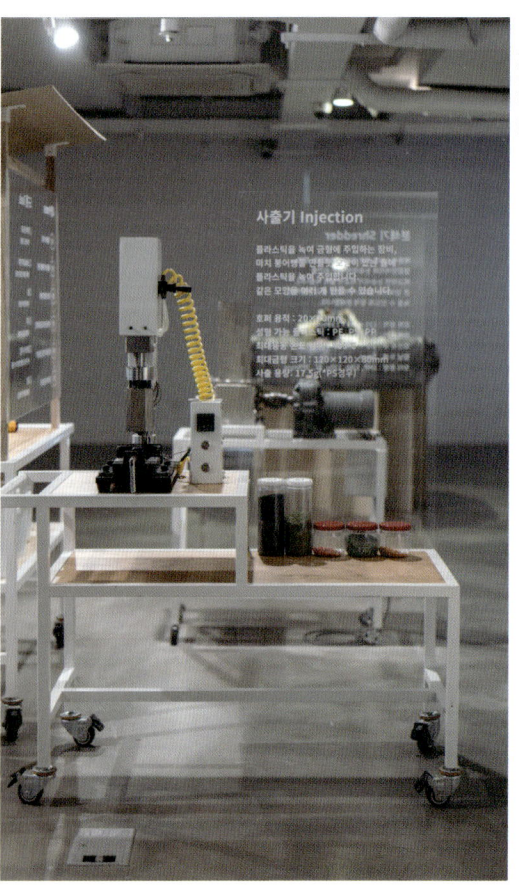

46　　Eco-Friendly Plastic

폐플라스틱을 녹여
만든 필라멘트를 층층이
쌓아 완성한 조명 갓.
은은한 그러데이션이
인상적이다.

프래그 랩(PRAG LAB)
디자인 스튜디오 프래그의 연구실. 체험하는 지식을 위한 다양한 도구들을 개발,
제작한다. 작업으로는 프레셔스 플라스틱 오픈소스를 활용한 플라스틱 재활용
장비인 데스크 팩토리와 전자얼굴, 워킹페이퍼 등이 있다.

interview 3

지속가능한 플라스틱 파빌리온

바래(BARE)
전진홍, 최윤희 건축가

—
바래는 그간 플라스틱, 패브릭과 같이 가볍고 부드러운 재료를 이용해 여러 파빌리온을 디자인해왔다. 건축가 최윤희는 플라스틱에 대해 "외장재나 내장재로 역할이 뚜렷하게 구분되는 대부분의 건축자재와 달리 어느 한 곳에 속하지 않고 공간의 안팎을 연결하는 재료"라 말한다. 바래의 행보는 플라스틱의 이러한 특성과 닮았다. 건축이라는 경계에 갇히지 않고 여러 산업을 넘나들며 새로운 건축가의 길을 개척한다. 그들이 완성한 파빌리온은 일시적이지만 오랫동안 사람들의 경험 속에 남아 건축가의 메시지를 전하는 창구가 된다. 인터뷰 정경화

감씨(감): 루프 업 파빌리온(2018)을 계획하게 된 배경과 디자인 과정이 궁금하다.

최윤희(최): 2017년, 서울시에서 설계사무소 다섯 곳을 대상으로 서울새활용플라자 잔디광장에 파빌리온을 짓는 지명공모를 냈다. 우리는 순환을 형상화한 디자인으로 '자원의 바람직한 생산과 소비는 무엇인가?'라는 질문을 던졌고, 공모에서 당선돼 설계를 진행했다. 이후 2018년 9월 완공되었고, 2021년까지 3년 동안 광장의 상징적인 조형물이자 사람들이 모이고 활동하는 장소로 쓰일 예정이다.

전진홍(전): 우리는 사람들이 그동안 스스로 버린 플라스틱의 무게를 느낌으로써 무분별한 자원 소비의 심각성을 실감했으면 했다. 파빌리온은 사람들을 한데 모아주는 원형으로 형태를 정하고, 지붕의 중심부가 위아래로 오르내리는 디자인으로 계획해 플라스틱이 쏟아져 내리며 압도하는 느낌을 경험하도록 했다.

루프 업 파빌리온

설계 바래(전진홍, 최윤희)
위치 서울특별시 성동구
자동차시장길 49, 서울새활용플라자
대지면적 225m²
규모 지름 13m, 높이 4m
구조 스테인리스 스틸
마감 365 재생플라스틱 파이프
키네틱 구동장치
완공 2018년 9월

사용한 플라스틱
소재 재생 폴리에틸렌 외 각종 수지
규격 지름 21mm, 길이 7m
가공 방식 2색 압출
가공업체 DS 덕진

감: 언급한 대로 지붕이 움직이는 키네틱 파빌리온이다. 디자인하면서 어떤 부분을 중요하게 고려했나?

최: 지름이 13m에 달하는 커다란 지붕을 어떻게 움직일지에 대해 많이 고민했다. 처음에는 모터를 설치해 분수처럼 쉬지 않고 작동하는 방법을 생각했다. 그러나 야외 설치물이다 보니 물이 닿아 문제가 되거나, 기계가 노출되는 것이 보기에 불편할 수 있었다. 사람이 직접 지붕을 움직이면서 그 무게를 느껴보는 것이 더 좋은 방법이라 판단해 작동 방식을 간소화하고 여섯 개의 기둥 안에 모터를 숨겼다. 여섯 명 정도가 함께 지붕을 잡아당겨 내리면 기계가 다시 원래 위치로 끌어올린다. 구조체는 구조기술사의 구조 검토와 시뮬레이션을 거쳐 계획하고, 실제 크기로 목업을 제작해 움직임을 테스트했다.

또 정해진 기간 동안 사용하고 해체되는 임시 설치물이기 때문에 용접을 최소화하고 볼트로 접합했다. 조립식 모듈 구조로 제작해 부재의 교체나 해체가 자유롭고, 해체한 재료는 모두 재활용이 가능하다.

감: 초기 계획안에서는 8만 개의 빨대를 외장재로
사용하는 아이디어를 냈다.

최: 초반에는 파빌리온을 100% 완성하지 않고
시민들이 사용한 빨대를 씻고 가공해서 직접
공간에 설치해보는 참여형 워크숍을 계획했다. 손수
재활용한 재료로 공간을 채워보며 플라스틱을 쓰는
것에 대해 다시 생각해보게끔 하는 시나리오였다.
하지만 야외에서 워크숍을 주기적으로 진행하기는
어려웠다. 또 건축가의 역할이 구조물을 만드는
것으로 제한적이었기에 운영 방식까지 함께 기획하지
못했다. 공간과 기획이 함께 이루어져야 시민의 인식을
바꾸는 기회를 지속적으로 만들 수 있는데, 지금은
파빌리온만 있어 조금 아쉽다.

전: 빨대는 유지관리나 내구성 면에서 적용이
어렵기도 했다. 플라스틱을 다시 쓴다는 의미만 가져와
재생 플라스틱을 사용했다. 일상에서 가장 많이 쓰는
플라스틱인 폴리에틸렌PTp00을 지름 21mm, 길이 7m의
파이프 형태로 가공해 파빌리온을 제작했다.

감: 에어 캡 파빌리온(2016)은 폴리우레탄PTs06
소재의 에어 캡을 겹겹이 모아 커다란 모자를
연상시키는 형태로 만들었다.

최: 에어 캡 파빌리온은 '개인의 안전이 곧 사회의
안전'이라는 주제로 일주일 동안 대구디자인위크에서
선보인 설치 작업이다. 에어 캡을 보호모 형태로
디자인하고, 여러 개를 연결해 하나의 구조물을
만들었다. 에어 캡은 평소에는 파우치처럼 몸에
지니고 다니다가 재난이 닥치면 머리를 보호하는
모자로 사용한다. 가장자리에 뚫린 구멍에 텐트폴을
끼우는 방법으로 여러 개를 조립해 쿠션이나 의자,
침대로 쓸 수도 있다. 파빌리온의 재료에 일상의
용도를 부여함으로써 재난이 닥쳤을 때 새로운
물건을 만드는 게 아니라 주변에 있는 익숙한 소재를
활용하자는 메시지를 전한다.

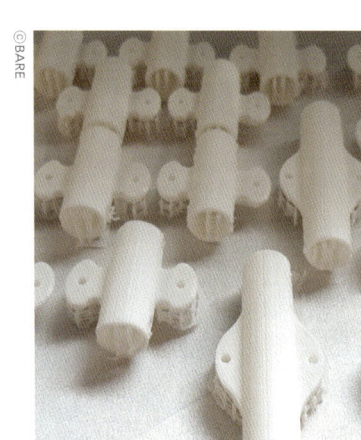  

루프 업 파빌리온에 적용한 플라스틱 접합 부재와 구조체들. 모든 부재는 파빌리온의 디자인과 물성에 맞추어 새로 계획, 제작했다.

감: 각 프로젝트에서 플라스틱 재료를 고를 때 중요하게 고려한 점은 무엇인가?

전: 루프 업 파빌리온은 야외에 설치하기 때문에 직사광선에 노출되어도 문제가 없어야 했고, 내구성이 중요했다. 반면 에어 캡 파빌리온은 실내에 설치해 선택이 좀 더 자유로웠다. 대신 손에 닿는 경우가 많아 질감에 신경 썼다.

최: 작업할 때 일상에서 쉽게 접하는 재료를 낯선 용도로 활용하거나 건축이 아닌 다른 산업의 가공 방식을 접목해 새롭게 탄생시키는 방법을 즐겨 쓴다. 에어 캡 파빌리온의 에어 캡은 물놀이 튜브를 제작하는 곳과, 루프 업 파빌리온의 파이프는 훌라후프를 만드는 곳과 협업하여 가공했다.

감: 작업하면서 느낀 플라스틱의 매력과 특성은 어떤 것이 있나?

전: 플라스틱은 스스로 하중을 버틸 수 없어 구조체를 함께 생각해야 한다. 또 소재가 가볍고 얇다 보니 그에 맞는 새로운 규격과 형식이 필요하다. 루프 업 파빌리온을 작업하면서 구조체나 접합 디테일에 대해 많이 고민했고, 플라스틱을 고정하는 부품은 모두 새로 계획하고 제작했다.

최: 플라스틱은 압출 규격이나 색상, 투명도 등 제조 과정에서 변화를 줄 수 있는 부분이 많다. 금형의 크기나 압력 같은 제한조건은 역으로 플라스틱을 사용하는 가이드라인이 되기도 한다.

에어 캡 파빌리온의 전경. 여러 개의 에어 캡을 조합해 커다란 모자 형상을 구현했다.

전: 디자인하는 동안 제조업체와 부지런히 의견을 조율하면서 함께 계획했다. 다행히 제조업체 분들도 우리의 작업을 색다르게 느끼고 흥미로워하셨다. 국내에는 오랜 기간 제조업에 종사해 오신 분들이 많아 각자의 노하우가 있고 장인 정신이 강하다. 작업을 제안했을 때 안 된다고 답하는 경우가 없었다.(웃음) 우리는 그분들의 수혜를 입은 셈이다.

요즘에는 섬유강화플라스틱을 주목하고 있다. 이 재료는 유연하면서도 강한 성질을 지녀 콘크리트 구조체의 보강재나 파빌리온의 재료로 쓰인다. 투명도를 조절할 수 있어 반투명하게 제작하고 전구를 매입하면 조명 역할을 겸하는 것도 가능하다. 앞으로 건물을 좀 더 가볍게 만드는 데 중요한 역할을 할 것이다.

감: 재생 플라스틱을 쓰면서 아쉬웠던 점은 없었나?
최: 재생 플라스틱을 취급하는 가공 공장을 찾기가 어려웠다. 폐플라스틱 원료로 인해 가공 기계가 오염되거나 문제가 생길까봐 공장에서 작업을 꺼리는 경우가 종종 있었다.

전: 건물은 새로 짓는 것보다 리모델링할 때 더 많은 비용이 든다. 마찬가지로 재생 플라스틱도 종류를 분류하고 불순물을 제거하는 여러 공정이 선행돼야 하고, 모든 과정은 곧 비용으로 이어진다. 그럼에도 불순물이 섞여 표면이 거칠고 새로 만든 자재만큼 외관이 깨끗하지 않아 색을 입히거나 눈에 띄지 않는 곳에 사용할 때가 많다. 루프 업 파빌리온에 적용한 파이프도 하얀색만 쓰면 지저분해 보여 부분적으로 연두색을 입히고 그러데이션 효과를 더해 외관을 보완했다.

유리섬유강화플라스틱으로 구조체를 짜고 폴리우레탄 소재의 에어 캡을 연결해 구조물을 제작했다.

에어 캡 파빌리온

설계 바래(전진홍, 최윤희)
위치 대구광역시 동구 동대구로 461 대구경북디자인센터
대지면적 50m²
규모 지름 5m, 높이 4m

구조 유리섬유강화플라스틱
마감 폴리우레탄 공기튜브
완공 2016년 11월
사진 신경섭

사용한 플라스틱

소재 폴리우레탄
규격 360×300×100mm
가공 방식 고주파 접합
가공업체 서경실업

감: 그렇다면 어떤 방법으로 재생 플라스틱을 활용할 수 있을까?

최: 캠페인처럼 교육적으로 활용하는 방법을 더 고민해야 한다. 개개인이 디자인적으로 접근하고 창작물을 만드는 것도 중요하지만 그전에 공공의 인식 변화가 먼저다. 재생이 모두 함께 고민해야 하는 문제임을 공감해야 이러한 작업이 파급력을 얻는다.

전: 소재로서의 플라스틱은 매력적이지만 재생 플라스틱의 미래는 그다지 밝아 보이지 않는다. 분리수거도 플라스틱을 100% 다시 쓰는 것은 아니므로 장기적으로는 한계가 있다. 환경오염을 유예하는 정도이지 근본적인 해결책이 되지 못한다. 바이오 플라스틱처럼 아예 새로운 소재를 개발해야 한다.

감: 플라스틱과 마찬가지로 건축도 오래 지속되며 필연적으로 환경을 파괴한다. 이에 대해서는 어떤 대안을 제시할 수 있을까?

전: 한번 쓰고 버려지는 물건은 저렴한 비용으로 빠르게, 대충 만든다. 그러나 다른 곳에서 새롭게 쓰여 생명을 계속 이어갈 수 있다면 오래 사용하는 방법을 고민하게 된다. 건물도 마찬가지다. 건축에는 수많은 재료가 쓰이고 각각 생애주기가 다르다. 생애주기가 끝나면 폐기하는 것이 아니라 무엇을 교체하고 남겨야 할지, 어떻게 쉽게 교체할지를 고민해야 한다. 일례로 대부분의 건물은 난방 코일이나 배관 등의 설비를 모두 콘크리트에 매립한다. 나중에 설비를 어떻게 교체할지 보다는 깔끔하고 보기 좋은 외관을 먼저 생각하기 때문이다. 무조건 감추는 것이 아니라 잘 드러낼 수 있는 방법을 고민하자는 것이 우리의 태도다. 주어진 상황에 맞춰 유연하게 변하는 재료를 사용하거나 모듈 형태로 계획하는 것, 조립과 해체가 가능한 건식 시공이 대안이 될 수 있다. 이러한 방법으로 설계자가 스스로 건물의 생애주기를 만들어가야 한다.

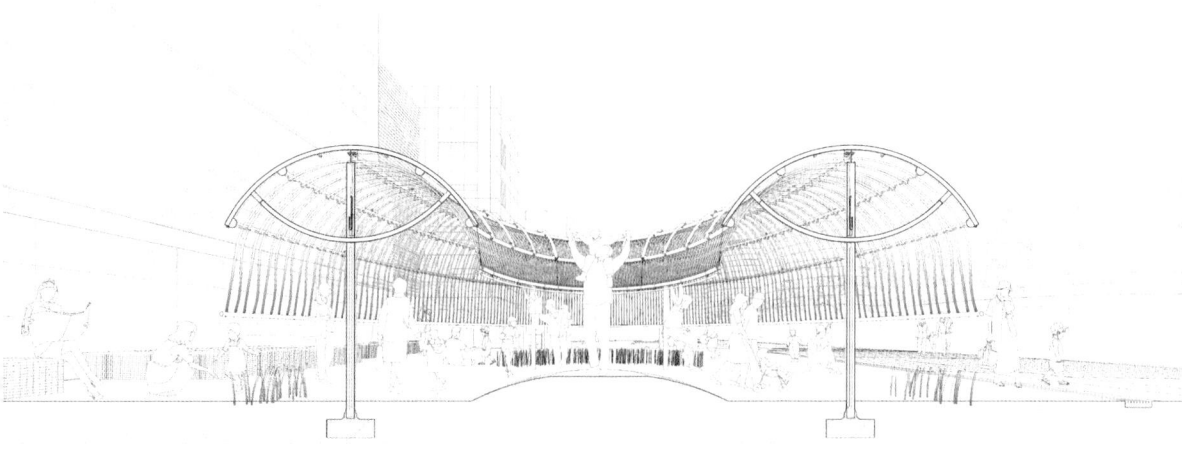

루프 업 파빌리온 단면도. 원형 지붕 형상의 파빌리온은 사람들이 모이고 활동하는 장소로 역할한다.

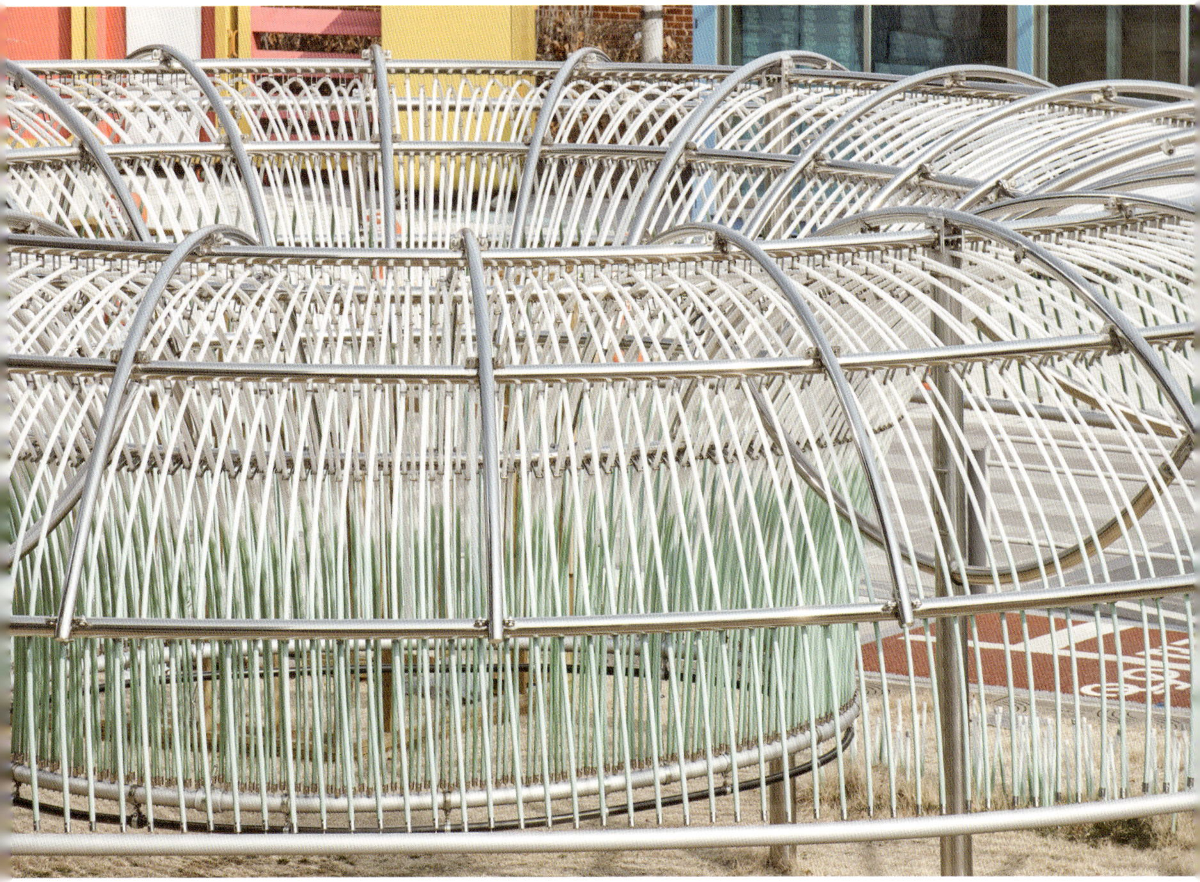

루프 업 파빌리온은 원형 지붕의 중심부가 오르내리는 형태로 계획해 플라스틱 지붕이 쏟아져 내리며 압도하는 느낌을 경험하도록 했다.

©Texture on Texture

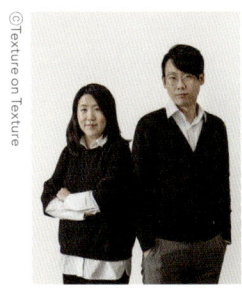

바래(BARE)

역동적으로 변모하는 도시 속 환경과 시간에 조응하는 리서치 기반의 건축 작업을 2014년부터 지속해오고 있다. 〈새로운 유라시아 프로젝트〉(국립아시아문화전당, 2015)에서의 키네틱 파빌리온 설치를 시작으로 〈생산도시〉(서울도시건축비엔날레, 2017), 〈국가 아방가르드의 유령〉(베니스비엔날레 국제건축전 한국관, 2018), 〈한국현대건축 세계인의 눈 1989-2019〉(주헝가리 한국문화원, 2019) 등의 전시에서 작업을 선보여왔다. 〈제5회 아름지기 헤리티지 투모로우〉(2015) 공모전에서 수상했고, 〈젊은건축가 프로그램 2016〉에서 최종 후보군으로 선정되었다. 전진홍은 AA 스쿨에서 학·석사를, 최윤희는 케임브리지 대학교와 AA 스쿨에서 학·석사를 받았다. 현재 두 사람은 한국예술종합학교 미술원 건축과에서 함께 가르치고 있다.

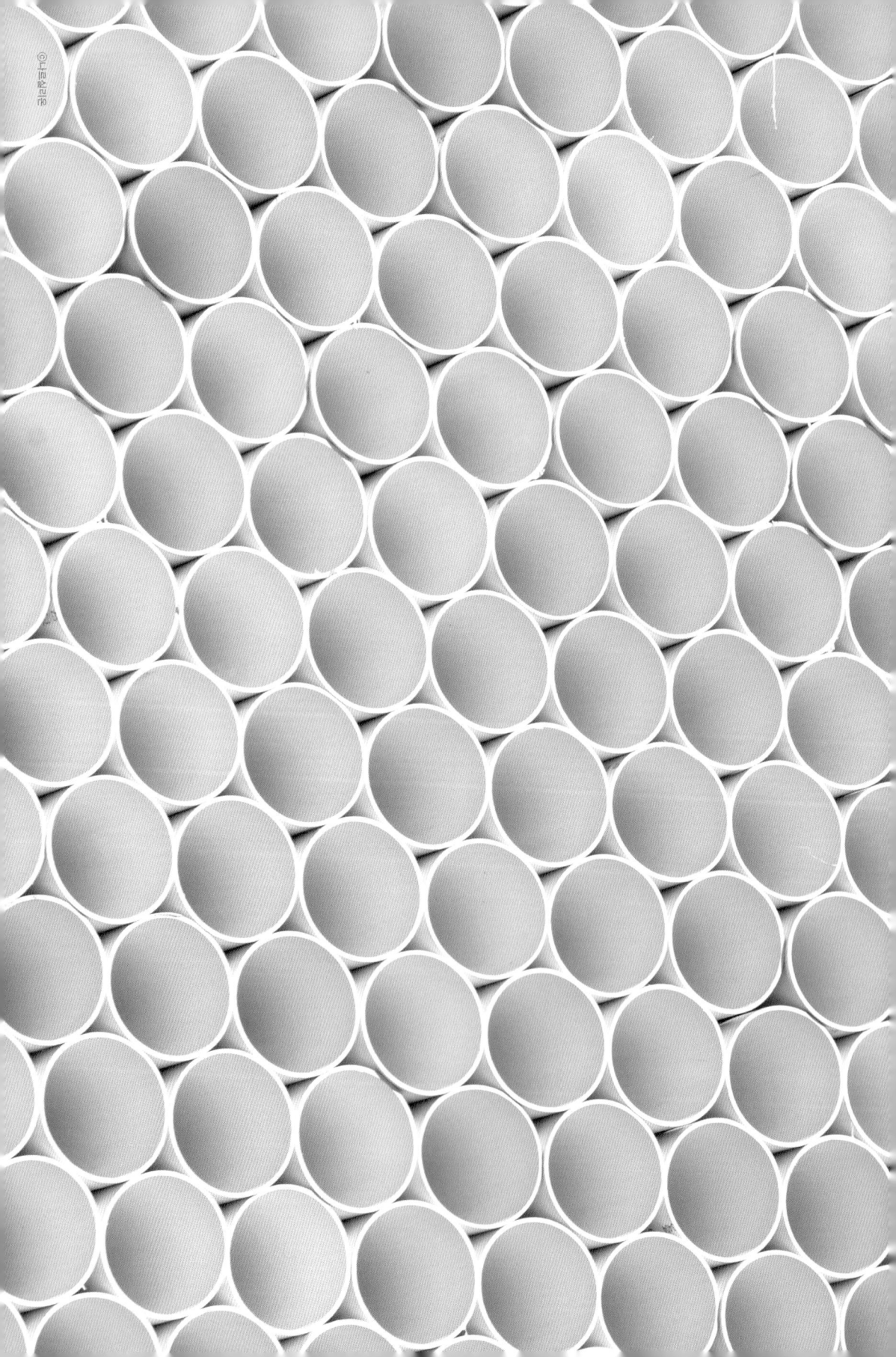

3

APPLICATION OF PLASTIC

3.1 Soft Mood, Hard Texture: Polycarbonate

3.1.1 Characteristics of Polycarbonate

3.1.2 Issue of Polycarbonate

3.1.3 Interview 1

3.1.4 Interview 2

3.2 Clear, Colorful Plastic: PMMA

3.2.1 Characteristics of PMMA

3.2.2 Interview 1

3.2.3 Interview 2

3.3 Light, Versatile Plastic: PVC

3.3.1 Characteristics of PVC

3.3.2 Reportage

3.3.3 Interview

3.4 Plastic in Space

3.4.1 Plastic as Skin

3.4.2 Plastic as Composite Material

3.4.3 Interview

3.1

Soft Mood, Hard Texture: Polycarbonate

은은한 아름다움: 폴리카보네이트

폴리카보네이트는 한옥의 한지 문처럼 빛을 은은하게 퍼트린다. 또 높은 강도와 탄성력을 지녀 곡면을 만드는 데 적합하다. 덕분에 작은 가설물부터 건물의 외장재, 대형 경기장까지 다양한 규모에 적용된다.

Characteristics of Polycarbonate

시시각각 모습을 바꾸는 재료

폴리카보네이트[PTp07]는 철, 유리와 비교해 상대적으로 가격이 저렴하고, 가공이 쉽다. 네덜란드의 건축설계사무소 OMA의 건축가 렘 쿨하스는 여기에 더해 재료 너머의 것들을 신비하게 보이게 만드는 특유의 질감을 장점으로 꼽는다. 건물을 매력적으로 만들며 건축가를 사로잡은 재료, 폴리카보네이트에 대해 살펴보자. 글 정신오

단단함을 구현하다
폴리카보네이트의 특징

폴리카보네이트는 발명 당시부터 강한 내구성으로 주목받았다. '플라스틱은 약하다'는 일반적인 인식과 달리 폴리카보네이트는 일반 유리의 250배, 강화유리의 150배, 아크릴[PTp08]의 30배 이상 강도가 높다. 덕분에 일찍부터 내구성이 중요한 건물의 외장재, 자동차에 적용되었다. 또한 열에 의해 변형되기 시작하는 연화온도가 140~150℃로 높고, 전기질연성이 우수해 전자제품의 자재로도 안성맞춤이다. 하지만 내화학성이 낮고, 알칼리성 물질에 닿으면 표면이 녹거나 균열이 생긴다. 또 자외선에 취약해 야외에 적용하는 경우 원료 단계에서 자외선 안정제를 혼합하거나 완제품에 필름을 코팅하는 작업이 필요하다.

형태에 따라 구분하는
폴리카보네이트의 종류

시트 단판으로 이루어진 폴리카보네이트 판재로, 콤팩트 패널이라고도 부른다. 외관이 유리와 가장 유사해 대체 소재로 많이 쓰인다. 특히 자동차의 전조등 커버, 전자기기의 모니터 등 내구성과 투명성이 함께 요구되는 부위에 활용도가 높다. 두께는 0.5~10mm로 다양하다. 판재의 경우 무게에 따라 단가를 정하는데, 같은 크기일 때는 시트가 패널형 제품보다 무거워 가격이 더 비싸다.

패널 두께가 0.6~1.7mm인 단판형 패널 사이에 공기층을 둔 제품으로 투명한 시트와 달리 반투명한 것이 특징이다.

 공기층이 외기를 차단해 패널의 단열성을 향상시킨다. 공기층은 두 겹부터 일곱 겹까지 다양하고, 겹의 개수에 따라 단열 성능이 조금씩 다르다(p.62 참고). 공기층은 직사각형, 다이아몬드 등으로 모양이 다양하다. 칸을 구획하는 판재에 유색 시트를 적용하면 보는 각도에 따라 색이 달라지는 시각적 효과를 줄 수 있다.

단단함으로 벽을 세우다
폴리카보네이트의 적용

실내 칸막이벽 실내에는 공간을 구획하거나 시야를 차단할 목적으로 칸막이벽을 세운다. 폴리카보네이트 패널은 금속 프레임에 끼우는 방식으로 간단하게 고정해 설치와 해체가 쉽고 파손 위험이 적다. 유색 제품이나 공기층에 두 가지 색을 더한 제품을 사용하면 공간에 포인트를 줄 수 있다. 사물을 희미하게 드러내는 패널은 회의실 같은 사적인 공간에, 투명한 시트는 시야를 차단하지 않으면서 공간을 구획하는 경우에 적합하다.

외장재 폴리카보네이트는 철보다 인장강도가 우수하고 가벼워 1970년대부터 건축 외장재로 적용되기 시작했다. 수축팽창하는 성질로 인해 형태가 변형되는 문제가 있었으나 건식 시공법이 개발되면서 활용 분야가 점차 넓어지고 있다(p.66 참고). 또 유연성이 우수해 곡면 시공이 필요한 곳에 적합하다.

 과거에는 투명한 시트형을 적용했다면 최근에는 더 가볍고 단열성이 우수한 패널형을 많이 사용한다. 대개 무색이나 백색의 반투명 제품을 많이 쓰지만 물량에 따라 원하는 색으로 제작하는 것도 가능하다.

방음벽 차량의 통행이 많은 고속도로나 기차가 지나가는 철도 주변에는 교통 소음을 막기 위해 벽을 설치한다. 예전에는 알루미늄 방음벽을 적용했지만 시각적 답답함을 해소하기 위해 폴리카보네이트로 대체되었다. 국내에서는 6mm 또는 8mm 두께의 제품을 주로 쓰고, 각각 17db, 18db의 소음을 저감한다.

Issue of Polycarbonate

폴리카보네이트의 유통과 쟁점

폴리카보네이트[PTp07]는 높은 강도와 우수한 인장력으로 1990년대에 이미 수요나 생산 면에서 공업용 수지 분야 1위를 차지했다. 지금도 IT, 전기·전자, 광학 소재나 자동차 분야 등에 활발하게 적용되며 산업의 필수 플라스틱으로 자리잡았다. 산업 속 폴리카보네이트의 크고 작은 이슈에 대해 살펴보았다. 글 정신오

폴리카보네이트 산업

폴리카보네이트 시장은 우리나라를 포함해 미국, 독일, 중국, 일본을 중심으로 형성되었다. 국내에서는 롯데케미칼, LG화학 등 대기업에서 생산한다. 그러나 이들은 주로 투명한 시트를 만들고, 대부분 전자, 자동차 산업에 적용된다.

건축용 폴리카보네이트의 생산 규모는 훨씬 적다. 폴리카보네이트가 유일한 대체재인 전자, 자동차 산업과 달리 건축은 목재, 금속 등으로 선택지가 많기 때문이다. 또 인건비가 높은 탓에 건축용 제품은 대부분 중국, 베트남, 이스라엘에서 OEM 방식으로 생산한다. 국내에서는 동신폴리켐이 가장 많은 양을 생산하고, 그 밖의 중소기업에서는 이스라엘이나 유럽, 중국의 제품을 수입해 유통한다.

유리 이상의 단열성을 확보하라

폴리카보네이트를 외장재로 사용할 때는 창호재의 단열 법규에 따라 성능을 평가한다. 창에 가장 보편적으로 쓰이는 유리의 경우 단판으로는 국토교통부에서 규정하는 건축물의 에너지절약 설계기준의 열관류율을 충족하지 못해 복층이나 로이유리를 사용해야 한다. 반면 폴리카보네이트는 얇은 판재 사이의 공기층이 외기를 차단하는 완충 공간으로 역할해 단열재 없이도 중부 1, 2 지역의 열관류율을 만족한다. 공기층이 두꺼울수록 단열 성능이 향상되고, 두께는 7~60mm로 다양하다.

공기층은 여러 가지 형태가 있다. 기본형은 공간을 일정한 간격으로 구획한 것으로, 밀리미터(mm)당 0.1~$0.15 W/m^2 \cdot K$ 의 열관류율을 낮춘다. 또 다른 형태는 기본형의 공기층을 여러 겹 쌓은 것으로, 단층이었던 공간을 여러 층으로 나눔으로써 수차례에 걸쳐 외기를 차단한다. 공기층을 몇 겹으로 포개는지에 따라 열관류율이 조금씩 차이가 있고 일반적으로 한 겹당 $0.4 W/m^2 \cdot K$ 가량 낮아진다.

단위 두께(겹)당 향상되는 단열 성능은 두 방식 모두 비슷하지만 물성에는 차이가 있다. 전자는 두께가 다양하고 인장강도가 높아 유연성이 요구되는 지붕에 적합하다. 그러나 공기층을 지지하는 부재가 적어 충격 강도가 낮다. 반면 후자는 판재 사이의 공간이 촘촘히 구획돼 있어 충격 강도가 높다. 하지만 셀의 크기가 규정되어 있어 두께가 한정적이고 유연성이 떨어진다. 주로 벽체로 활용한다.

폴리카보네이트 패널. 공기층의 두께와 모양에 따라 단열 성능이 조금씩 다르다.

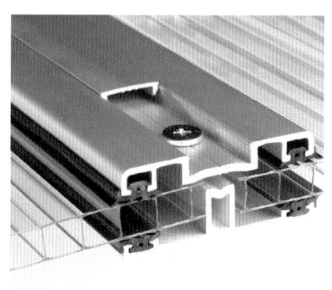

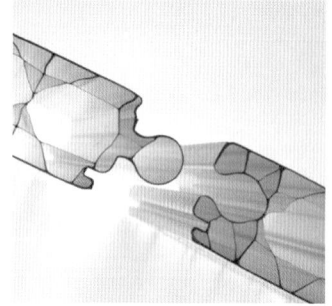

(위에서부터) 이스라엘의 제조사 폴리갈에서 개발한 메가락. 이탈리아의 폴리카보네이트 패널 세프룩스. 두 제품 모두 국내 유통사 두인폴리캠에서 만날 수 있다.

쉽고 단단한 건식 시공법

기존의 일자형 패널은 H형 철물의 요철 면에 끼우고 실리콘으로 고정하는 방식으로 설치했다. 하지만 실리콘은 폴리카보네이트의 열팽창률을 감당하지 못해 3~4년이 지나면 표면이 갈라진다. 이러한 문제로 시공 방식이 습식에서 건식으로 바뀌었다. 이스라엘의 제조사 폴리갈Polygal에서 개발한 메가락Mega-lock은 일자형 패널에 적용한 시공 방식으로, 실리콘 대신 창호에 쓰이는 가스켓을 이용한다. 가스켓은 에틸렌 프로필렌 고무(EPDM, ethylene propylene terpolymers)로 된 단열재로 이음부에서 열이나 공기가 새어나가는 것을 막아준다. 실리콘보다 내구성, 탄성이 우수해 패널의 수축팽창에 유연하게 대응한다.

또 이탈리아의 폴리카보네이트 패널 세프룩스Seplux는 퍼즐을 맞추듯 양 끝의 요철에 암수를 끼워 시공한다. 표면에 돌출된 철물 없이 깔끔하게 마감할 수 있어 완성도가 중요한 파빌리온, 실내 파티션 등에 쓰인다. 이스라엘의 폴리카보네이트 제조사 단팔은 일자형 패널의 양옆을 수직으로 접은 U자형으로 바꾸어 형태에 변화를 주었다. 이 제품은 현재 건축에서 가장 보편적으로 쓰이는 것으로, 접힌 부분에 ∩형 철물을 끼우는 방식을 통해 패널을 연이어 고정할 수 있어 시공이 간편하다(p.69 참고). 특허 기간이 끝난 지금은 여러 업체에서 모사품을 생산하지만, 정식 제품은 단팔코리아에서 만나볼 수 있다.

폴리카보네이트의 활용

최근에는 건축용 폴리카보네이트를 활용한 제품도 등장하고 있다. 정원을 가꾸는 것에 관심이 많은 유럽에서는 폴리카보네이트를 이용한 조립식 온실을 개발했다. 대개 온실은 비닐이나 유리로 마감하는데, 폴리카보네이트는 투명한 외관과 단단함, 경량성을 겸비해 대체재로 주목받았다. 조립식 온실 브랜드 리온Rion에서 출시한 온실 시스템은 지붕이 가파른 네덜란드의 헛간에서 영감을 받아 개발한 것으로, 구조체에 볼트로 고정하는 일반 온실과 달리 틀에 폴리카보네이트를 끼우는 방식이라 누구나 쉽게 설치할 수 있다. 또한 모듈형으로 되어 있어 용도에 따라 길이를 확장하는 것이 가능하다.

두인폴리캠에서는 폴리카보네이트로 만든 전동루버인 펜글론 엑스PANGOLIN-X를 출시하기도 했다. 루버재로 많이 쓰는 알루미늄은 불투명하기 때문에 루버를 완전히 젖히더라도 그늘지는 부분이 생긴다. 송주근 대표는 "펜글론 엑스는 빛을 투과하는 폴리카보네이트의 물성 덕에 사각지대를 만들지 않고 공간에 빛을 고르게 퍼트린다"고 말한다.

폴리카보네이트의 한계

그간 폴리카보네이트를 건축자재로 활용하기 위해 다양한 연구가 진행되었다. 덕분에 UV 안정성, 단열성, 시공성 등의 여러 성능이 향상됐다. 그럼에도 여전히 걸림돌이 되는 것은 화재에 대한 안전성이다. 국내에서는 불에 타는 정도에 따라 건축자재를 불연, 준불연, 난연으로 구분하고, 소방법상 난연에 속하는 물질은 외장재로 사용하기 어렵다. 폴리카보네이트는 250℃ 이하에서 불이 붙지 않고 화원을 제거하면 스스로 불이 꺼지는 자기 소화 능력을 갖고 있음에도 난연에 해당해 사용이 제한되는 경우가 많다. 송주근 대표는 "플라스틱이 불에 취약하다는 인식 때문에 폴리카보네이트를 사용하기를 망설인다"며 "법규에서 자기 소화성과 같은 화재 관련 성능까지 폭넓게 고려해야 한다"고 말한다.

그러나 문제는 좀 더 근본적인 것에 있다. 폴리카보네이트의 원료인 비스페놀A는 투명하고 단단한 플라스틱을 만들 수 있어 빈번하게 사용되고 있는 물질이다. 하지만 고온에 노출되면 유해가스를 배출해 2차 피해를 유발해 업계에서는 이를 대체할 만한 소재를 연구 중이다. 이에 2019년, 한국화학연구원에서 식물성 성분 아이소소르바이드isosorbide를 이용한 고강도, 고내열성의 투명 바이오 플라스틱을 발표했다. 이 소재는 석유계 플라스틱이 지닌 기계적 물성의 절반에도 못 미치던 기존의 바이오 플라스틱의 단점을 보완한 것으로, 비스페놀A의 대체 소재로 떠오르고 있다. 그러나 아직 상용화되지는 않은 상태로, 원료를 대체하기까지는 시간이 걸릴 듯하다.

대개 온실은 비닐이나 유리를 적용하는데, 폴리카보네이트는 투명한 외관에 단단함과 경량성을 겸비해 대체재로 주목받는다.

Interview 1

투명함과 견고함이 빛을 발하다

단팔코리아는 이스라엘에서 생산하는 U자형 폴리카보네이트[PTp07] 패널인 단파론을 국내에 유통한다. 그들은 폴리카보네이트를 적용하는 건물이라면 제품부터 시공 과정, 관련 부자재까지 건축가와 함께 고민한다. 한영근 대표는 "폴리카보네이트는 외장재, 내장재, 구조재의 역할을 동시에 수행하는 재료"라고 말한다.

인터뷰 정신오 인터뷰이 단팔코리아 한영근 대표 자료 제공 단팔코리아 (별도 표기 외)

감씨(감): 설계사무소에서 건축자재를 유통하게 된 배경이 궁금하다.

한영근(한): 프랑스의 설계사무소에서 근무하면서 독일 화학회사인 바이엘Bayer의 자문건축가를 역임했다. 당시 바이엘의 화학물질로 만든 건축자재를 선보이는 포럼에 참여하면서 처음 단파론을 알게 됐다. 단파론은 이스라엘의 폴리카보네이트 제조사인 단팔DANPAL에서 생산하는 패널로, 이전까지 강화유리의 필름, 페트병 정도로 쓰이던 폴리카보네이트를 건축자재로 만들었다. 실내에 자연광을 끌어들이면서 유리보다 강도가 높고 가공이 쉬운 이 재료를 보고 건축에 새로운 형태를 제안할 수 있겠다고 생각했다. 이후 프랑스에서 귀국해 건축설계사무소를 병행하면서 2004년부터 국내에 유통하기 시작했다. 현재는 각 프로젝트에 폴리카보네이트를 효과적으로 적용하기 위해 엔지니어링, 시공, 유지관리를 모두 포함한 '토털 서비스'를 제공하고 있다.

감: 그중에서도 U자형 패널에 집중한 이유는 무엇인가?

한: 기존의 일자형 패널은 표면의 UV코팅이나 열팽창률 문제로 3~4년이 지나면 표면이 변색되거나 갈라진다. 손상된 틈으로 물이 새면 내구성이 떨어져 외장재로 기능이 불가능하다. 볼트는 이음새가 손상되지는 않지만 고정한 부분이 유연하게 움직이지 못한다. 접합 부위와 패널 나머지 부위의 열팽창률이 달라 시간이 지날수록 표면이 울퉁불퉁해진다.

U자형 패널은 좌우 모서리를 수직이게 접은 제품으로, ∩자형 연결재가 꺾인 부분을 잡아서 고정한다. 이러한 건식 공법은 수평면의 팽창을 방해하지 않기 때문에 패널의 변형을 최소화한다. 또한 고정 철물을 알루미늄, 폴리카보네이트처럼 탄성이 높은 소재로 제작해 부재의 수직면에 생기는 변형에도 유연하게 대응한다.

감: 건축자재로 이용하기 위해 강화한 성능이 있다면?

한: 단열성과 시공성이다. 폴리카보네이트는 빛을 투과한다는 점에서 벽보다는 창의 재료에 가깝다. 그래서 단열 법규도 창호재의 기준을 따른다. 최근 창호는 에너지 절약 설계 기준이 계속해서 강화되고 있다. 우리는 폴리카보네이트의 공기층을 촘촘하게 구획한 '멀티셀'로 단열 성능을 높였다. 재료 자체가 단열 성능을 충족하므로 내외장재로 자유롭게 활용할 수 있다.

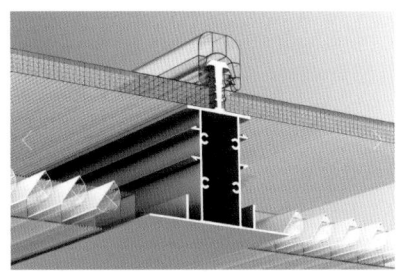

컨트롤라이트 제품. 투명한 패널 사이에 삽입된 회전식 루버가 일조량의 변화에 맞추어 자동으로 각도를 바꾼다.

에버브라이트를 적용한 공간. 폴리카보네이트 입면 전체가 밝아지면서 공간을 부드럽게 밝힌다.

감: 멀티셀은 셀 하나의 크기가 어느 정도인가?
한: 4×4mm의 정방형으로, 셀을 여러 겹으로 겹쳐 만든다. 많이 포갤수록 단열 성능이 높아지지만 대신 유연성이 낮아진다. 제품은 네 겹을 겹친 10, 12T와 여섯 겹을 겹친 16, 22T, 일곱 겹을 겹친 35T가 있다.

감: 폴리카보네이트 패널은 습기로 인해 표면이 오염되거나 부풀 수 있다. 이런 부분은 어떻게 해결했나?
한: 표면이 부푸는 것은 설치 후에 아래쪽에 고인 수분이 공기층으로 역류하거나 스며들어 생기는 현상이다. 우리는 물이 스며들지 않도록 특수 제작한 테이프를 붙인다. 하부는 통풍이 되지 않는 알루미늄 테이프, 상부는 통풍이 되는 구멍 뚫린 테이프를 쓴다.

감: 폴리카보네이트의 특징 중 하나는 투명성이다. 덕분에 실내에 자연광을 끌어들일 수 있다. 이를 통제하는 방법도 있나?
한: 유리를 통해 들어오는 빛은 직사광선이라 눈부심이 있다. 향에 따라 불편함을 일으키기도 한다. 반면 폴리카보네이트는 면 전체가 밝아지면서 공간을 부드럽게 밝힌다. 그럼에도 업무 공간, 학교처럼 용도에 따라 빛을 조절해야 하는 경우가 있다. 이러한 상황에 대비해 개발한 것이 컨트롤라이트다. 이 제품은 투명한 패널 사이에 삽입된 회전식 루버가 일조량의 변화에 맞추어 자동으로 각도를 바꾸면서 실내의 채광량을 조절한다. 덕분에 냉난방 장치나 인공조명으로 소비되는 전기 에너지를 대폭 줄일 수 있다.

Application of Plastic

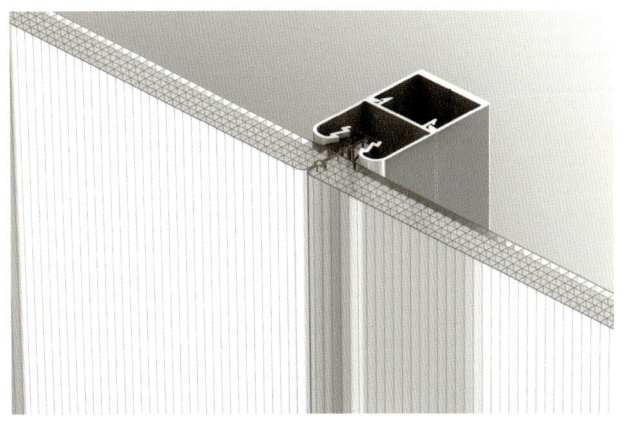

△△△ U자형 패널의 양옆 꺾인 면을 결속하는 고정 철물.
△△ 벽체의 시공 부위에 설치하는 마감 철물, 엔드거터.
△ 지붕면 시공 방식. 벽체와 달리 마감 철물을 필요로 하지 않는다.

감: 콤팩트 패널은 복층 구조의 폴리카보네이트 패널과 달리 단판으로 이루어진 제품이다.

한: 콤팩트 패널은 외관이 유리와 가장 유사하다. 강도가 높고 유연해 곡면처럼 유리를 적용하기 어려운 부분에 적합하다. 또한 무게가 가벼워 건물의 하중을 줄이고, 복층형 패널과 마찬가지로 U자형으로 되어 있어 시공이 간편하다.

단점은 비용이다. 폴리카보네이트의 단가는 무게에 비례하는데, 공기층을 비운 복층 패널과 달리 콤팩트 패널은 속이 꽉 차 있다. 상대적으로 무겁고 가격도 고가다.

감: 색상과 광택은 몇 가지 종류가 있나?

한: 기본적으로 열두 가지 색상이 있고, 맞춤 제작도 가능하다. 광택은 크게 유광과 무광이 있다. 대개 빛 반사에 민감한 곳은 무광, 그렇지 않은 곳은 유광을 쓴다.

단, 모든 제품이 주문 제작 방식으로 만들고, 해외에서 생산하기 때문에 납품 기한을 45~50일 정도로 여유를 두어야 한다. 또 기본 선택지에 없는 색이나 광택을 주문할 경우, 품질을 검수하는 과정이 필요하기 때문에 기간이 2주 정도 더 소요된다.

감: 시공 현장도 함께 관리한다. 적용 부위마다 시공 방식에 차이가 있을 듯하다.

한: 크게 벽체와 지붕으로 나눌 수 있다. 벽체는 설치할 부위에 마감 철물인 엔드거터를 설치한 뒤 패널 양옆의 꺾인 면을 결속할 고정 철물을 끼운다. 철물을 설치한 다음에는 습기가 차지 않도록 패널의 상하부를 테이핑해서 각 위치에 고정한다. 시공 방식은 연결 철물을 입면에 노출시키는 SG 시스템과 보이지 않게 하는 DG 시스템으로 나뉜다.

지붕은 하지 철물 위에 패널의 간격마다 결속 철물을 설치한 뒤 고정하는 것으로, 벽체와 달리 마감 철물을 필요로 하지 않는다. 태양광과 마주하는 방향에 따라 DG와 SG 방식으로 나뉜다. DG는 꺾인 면이 아래를 향하는 방식으로, 외부에 보이는 면을 평평하게 마감하는 점이 특징이다. 위를 향하는 SG 방식은 방수에 효과적이다.

숭의 아레나 파크 스타디움 프로젝트는 길이가 34m에 달하는 패널을 적용해 경기장 지붕을 마감했다.

감: 다양한 프로젝트를 진행했다. 그중 가장 기억에 남는 프로젝트는?

한: 인천에 위치한 숭의 아레나 파크 스타디움은 세계 최초로 길이가 34m에 달하는 패널을 경기장 지붕에 적용한 프로젝트다.

단파론은 운반을 위해 최대 길이 12m까지만 생산하기 때문에 이 규모를 충족하려면 3개를 겹쳐서 이어야 했다. 이 방식은 패널을 지탱하는 하지 철물만 30cm의 높이로 단차이가 생긴다. 또 단마다 빗물을 흘려보내는 물홈통과 정화조를 따로 설치해야 하는데 이를 위한 비용이 어마어마했다. 고민 끝에 이스라엘 공장을 방문해 길이 34m의 긴 패널을 제작했고, 겹치는 부위 없이 한번에 시공했다. 덕분에 별도의 물홈통 없이 지붕재를 잡아주는 철물 드레인만으로 빗물을 배수할 수 있었다. 또 7,000m²에 달하는 면적을 6주만에 시공하여 시공 기간을 단축하고 예산을 대폭 절감했다.

다른 재료로는 이 정도의 길이를 만들고 시공하기 어렵다. 폴리카보네이트가 가볍고 유연하기 때문에 가능했다.

감: 단파론을 적용하기에 적합한 공간이 있다면?

한: 단파론은 국내에서 판매하는 폴리카보네이트 제품 중 유일하게 방염 성능에 대한 성적서를 보유했다. 아직 활용도는 낮지만, 방염 기능이 필수인 실내에 적용하기 좋다. 강도가 높아 테이블과 같은 가구재로도 적합하다.

BMW 5시리즈 전시장 전경. 천장재로 쓰인 폴리카보네이트가 컬러조명의 빛을 반사해 공간에 색을 입힌다.

한영근(단팔코리아, ㈜아키폴리 건축사사무소 대표)
홍익대학교 건축학과를 졸업, 프랑스 파리국립건축학교에서 석사와 건축사
과정을 수료하고 20여년 동안 프랑스에서 건축가로 활약하였다. 현재 ㈜아키폴리
건축사사무소와 단팔코리아 대표이사 겸 성균관대학교 공과대학 겸임교수,
UNESCO-UIA 세계건축도시 선정위원회 위원, 한국건축가협회 연구부회장,
은평구 총괄 건축가 및 대통령 소속 국가건축정책위원회 위원 등으로 다양한
건축활동을 해오고 있다.

interview 2

소통하는 공유 오피스를 만들다

—

Atelier Archi@Mosphere
박경식 대표

—

KT경제경영연구소에 따르면 공유 오피스는 2017년 기준 600억 원 시장 규모에서 연간 63% 고성장했고, 2022년까지 7700억원 수준으로 상승세를 이어갈 전망이다. 글로벌 공유 오피스 기업인 위워크가 2016년 한국에 진출한 지 4년 만이다. 우후죽순으로 생기는 공유 오피스 가운데, 스테이션 니오는 공간을 공유하는 것을 넘어 공생하는 모습을 고민한다. 이곳을 설계한 건축가 박경식을 만나 한국인에게 최적화된 공유 오피스에 대해 들었다.

인터뷰 **정신오** 사진 **최용준**

감씨(감): 스테이션 니오에 대해 소개해 달라.

박경식(박): 스테이션 니오는 도심형 창고로 계획된 건물의 7~8층을 리모델링해 만든 공유 오피스다. 지금은 운영진을 비롯해 테크 전문 스타트업 기업, 투자, 회계, 법무 등을 지원하는 기업까지 성격이 다른 세 종류의 회사가 사용하고 있다.

감: 국내의 여타 공유 오피스와 다른 점이 있다면?

박: 일반적인 공유 오피스는 사용자에 관계없이 잘 계획된 공간을 일정 기간 비용을 받고 빌려주는 개념으로, 일종의 임대업이다. 반면 스테이션 니오는 스타트업 기업이 성장할 수 있는 환경을 만들고, 그에 관련된 시스템을 제공하는 '인큐베이팅' 공간이다. 입주자들은 이곳에서 작업하고, 관련 업체와 소통하면서 네트워크를 넓힌다. 회사 운영에 필요한 업무도 공유 오피스에 입주해 있는 제반 기업과 협업해 쉽게 처리할 수 있다. 인재를 발굴하고 적합한 프로그램을 지원한다는 점에서 공유 오피스보다는 기획사에 가깝다.

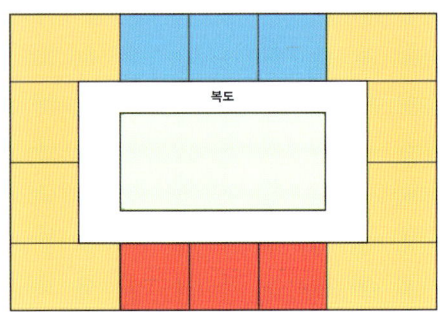

중력장 형태의 공간구성.

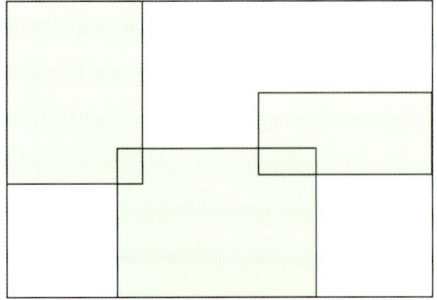

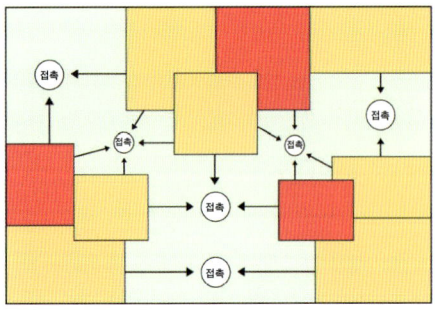

스테이션 니오의 공간구성. 공용 공간을 분할하고 그 사이에 업무 공간을 배치해 구성원간의 접촉 빈도를 높였다.

감: 공유 오피스는 여러 기업이 이용하는 만큼 공간 구성이 중요하다.

박: 대표 주자인 위워크는 공용 공간을 중심에 두고, 업무 공간이 주변을 둘러싸는 '중력장' 형태다. 업무 공간에서 나오면 공용 공간을 접해 사람들과 소통하게끔 한 것이다. 국내 공유 오피스는 대부분 이 형태를 벤치마킹하여 운영하고 있다.

하지만 중력장은 국내의 업무 패턴에 적합하지 않다. 한국인은 소그룹 규모의 작업에 익숙하고, 약간은 폐쇄된 곳을 선호한다. 중력장 형태는 업무 공간을 제외하면 완전히 개방되어 있어 선호도가 떨어진다.

또 공유 오피스는 업무 공간을 중심으로 임대가 이루어지기 때문에 면적이 넓을수록 수익률이 높다. 그러나 중력장은 공용 공간과 업무 공간 사이의 복도 면적이 크다. 복도는 임대가 불가능한 공간으로, 운영자 입장에서는 반갑지 않다.

감: 스테이션 니오는 어떻게 공간을 구성했나?

박: 여러 기업이 사용하는 만큼 커뮤니케이션이 중요하고, 이를 활성화하는 것이 공간의 역할이다. 우리는 하나의 큰 공용 공간을 3~4개의 중소 규모로 분할하고 그 사이에 업무 공간을 배치했다. 이렇게 하면 복도가 생기지 않고 대부분의 작업실이 공용 공간과 두 면 이상 접한다. 중력장 형태와 비교하면 업무 공간의 면적이 넓어지고 구성원 간의 접촉 빈도가 늘어난다. 층고가 낮은 단점은 중심에 중정을 두고 스킵 플로어로 레벨을 다양하게 만들어 해결했다. 이렇게 하면 시선이 하늘을 향해서 층고보다는 공간에 집중하게 된다.

스테이션 니오

설계 Arterier Archi@Mosphere
위치 서울특별시 성동구 성수일로8길 59
연면적 330m²
규모 지상 3층
실내 주요 마감 렉산, 알루미늄 페인트, 콘크리트 폴리싱
완공 2018년 4월

사용한 플라스틱
실내 벽체
소재 렉산골판
규격 1,100×1,800mm
가공 방식 현장 재단
제조사 코엠

감: 마감 재료로 폴리카보네이트를 적용한 이유는 무엇인가?

박: 작업하는 동안 건축주와 영화 〈매트릭스〉 이야기를 정말 많이 했다. '스테이션 니오'라는 이름도 영화 〈매트릭스〉 주인공의 이름인 니오Neo에서 따왔다. 우리는 영화 속의 미래적 이미지를 공간에 담으려 했고, 낮은 예산을 고려해 최종적으로 폴리카보네이트를 선택했다.

폴리카보네이트[PTp07]는 이미 여러 프로젝트에서 지붕, 외장재 등으로 사용되며 내구성을 증명했다. 또 특유의 광택은 인더스트리얼하면서 미래적 느낌을 표현하기에도 제격이다.

감: 폴리카보네이트는 어떤 방식으로 고정했나?

박: 폴리카보네이트는 저렴하고 품질이 낮다는 인식이 있지만 적절한 디테일을 이용하면 완성도를 높일 수 있다. 우리는 재료가 접하는 부분의 철물을 직접 개발해 마감면을 깔끔하게 처리했다.

철물은 사용 부위에 따라 모자형과 Y자형이 있다. 모자형은 평면에 쓰이는 것으로, 조립식으로 마감판재와 유리를 잡아준다. Y자형은 코너 부위를 위한 철물이다. 90°로 벌어진 면을 모서리에 댄 뒤, 그 위에 패널을 놓으면 면에서 돌출된 철물이 두 패널의 끝을 잡아주어 흔들리지 않게 고정할 수 있다.

폴리카보네이트 특유의 광택으로 인더스트리얼하면서 미래적인 느낌을 표현했다.

스테이션 니오는 실내의 벽을 반투명한 재질로 마감함으로써 시각적으로 공간이 이어지도록 했다.

감: 재질은 어떤 기준으로 선택했나?

박: 앞서 말했듯 공유 오피스는 업무 공간을 임대해 수익을 낸다. 운영자 입장에서는 작업실을 최대한 많이 만드는 것이 좋다. 하지만 한정된 면적에서 작업실 수를 늘리면 업무 공간이 좁아지고, 입주자는 심리적으로 압박감을 느낀다. 스테이션 니오는 벽을 반투명 재질로 마감해 이를 해소했다. 반투명 벽은 시각적으로 내외부를 연결해 공간을 보다 넓게 느껴지도록 한다. 동시에 업무 공간을 완전히 노출시키지 않아 프라이버시도 지킬 수 있다.

감: 반투명한 질감을 디자인적으로 활용한 부분이 있다면?

박: 천장에 조명을 설치하는 대신 천창을 만들어 입주자 모두가 자연광을 즐길 수 있도록 했다. 그리고 하지 철물과 폴리카보네이트 사이에 조명을 설치해 필요한 조도를 확보했다.

회의실처럼 입주자가 함께 사용하는 업무 공간은 벽을 빨간색, 초록색, 푸른색의 페인트로 칠해 외부에서도 쉽게 구분되도록 했다. 하지 철물이 폴리카보네이트에 투영되며 공간 전체에 줄무늬 패턴을 만들기도 한다.

감: 건축재료로써 플라스틱의 장점은 무엇인가?

박: 플라스틱은 튀지 않으면서 공간에 잘 스며든다. 그래서 어떤 프로젝트든 원하는 분위기를 효과적으로 표현할 수 있다. 유사 소재로 비교되는 유리와 달리 촉감이 부드럽고, 원하는 대로 가공이 가능하다. 두께감 있게 쓰면 한지 문처럼 은은하게 퍼져 동양적인 느낌을 내기도 한다. 덕분에 공간을 좀 더 세련되게 연출할 수 있다.

스테이션 니오의 루프 테라스 전경.

박경식(Atelier Archi@Mosphere 대표)
WGNB에서 10여 년 동안 실무를 익히고 유니버시티 컬리지 런던 바틀렛 건축학부에서 석사학위를 취득했다. 2015년 Atelier Archi@Mosphere를 설립한 후 "디자인을 통해 사람들의 일상에 특별함을 부여한다"는 가치관을 근간으로 국내외 공간 건축 프로젝트를 수행하였다. German Design Award 2020 최고상인 GOLD 메달, ICONIC AWARD 2019 최고상인 Best of Best, IF Award 4회 수상 등 국내외 국제상을 20여 회 수상하였다. 현재는 건국대학교 건축전문대학원의 겸임교수로 재직 중이다.

3.2

Clear, Colorful Plastic: PMMA

유리의 투명함을 구현하다: 폴리메틸메타크릴레이트

플라스틱은 유리의 투명함을 구현할 수 있는 몇 안되는 재료 중 하나다. 그 중에서도 PMMA는 빛을 가장 청량하게 투영해 유리의 대체재로 활용되곤 한다.

Characteristics of PMMA

원재료의 단점을 보완한 재료

아크릴은 일상에서 흔하게 사용하는 플라스틱 중 하나로, 폴리메틸메타크릴레이트[PTp08], 즉 PMMA를 원료로 한다. 아크릴의 특징으로 대표되는 투명성과 내구성은 모두 이 합성수지의 물성에서 비롯되었다. 건축에서는 PMMA의 우수한 성능을 이용해 건자재의 단점을 보완하는 모사 소재를 만들기도 한다. 글 정신오

유리를 대신하다
PMMA의 특징

PMMA는 특유의 투명함으로 인해 유리와 비교되는 경우가 많은데, 물성은 그보다 더 우수하다. 강도는 6~17배 더 높고, 깨지더라도 단면이 뭉툭해 위험성이 적다. 또한 상대적으로 가공이 쉽다. PMMA는 결정성(p.26 참고)을 제어해 투명도를 조절하고 안료를 첨가해 색을 입힐 수 있다. 주로 유리나 석재의 대체재로 쓰인다.

재료를 모사하다
PMMA를 이용한 건축재료

아크릴 PMMA로 만든 대표 자재로, 플라스틱 중 투명도가 가장 높다. 생산 방식에 따라 캐스팅 제품과 압출 제품으로 나뉜다. **캐스팅 제품**은 거푸집에 콘크리트를 채우듯 유리판 사이에 원료를 채우고, 수조에 넣은 다음 경화시켜 만든다. 오랜 시간 동안 굳혀 힘이 가해져도 균열이 적고 평활도가 높다. 캐스팅 방향에 따라 수평과 수직으로 나뉘고, 국내에서는 대부분 설비가 저렴한 수직 방식으로 제작한다.

압출 제품은 두 개의 롤러 사이에 두꺼운 아크릴을 통과시켜 얇게 만든 판재다. 두께의 편차가 거의 없고 투명도가 높다. 하지만 내열성이 약하다. 국내에서는 대부분 1,200×2,400mm 규격의 단판으로 제작하고 3mm, 5mm 두께의 제품을 많이 사용한다.

아크릴 페인트 안료를 혼합하는 수지로 PMMA를 사용한 페인트다. 건조 온도에 따라 상온에서 말리는 상온건조형과 열을 가하는 가열건조형이 있다. PMMA 용제는 무색 투명해서 안료의 색을 변색 없이 고스란히 드러낸다. 또한 건조 과정에서 형성된 아크릴 피막이 수분에 의해 부식되는 것을 막아 산업용 페인트로 자주 활용한다.

수지계 인조석 투명한 MMA에 안료와 광물을 섞어 석재의 외관을 모사한 소재이다. 광물의 크기와 색상을 원하는 대로 조합할 수 있어 외관과 물성의 편차가 큰 석재의 단점을 보완한다(감09 석재편 p.87 참고). 기공이 없어 흡수율이 낮고, 덕분에 오염이 적다. 또한 열을 가해 성형할 수 있어 석재로는 구현하기 어려운 곡면도 쉽게 만든다.

아름다움과 기능성을 동시에 잡다
PMMA 재료의 활용

간판 2006년 정부에서 지역의 색을 살리기 위한 간판개선 사업으로 아크릴 입면체 내부에 LED를 삽입한 입체 간판을 도입하면서 주목받기 시작했다. 불투명해서 빛을 투과하는 면적이 제한적인 알루미늄 간판과 달리 아크릴은 면 전체가 발광하여 입체 간판으로 안성맞춤이다. 또 재단이 쉬워 다양한 형태를 만들 수 있다.

가구 아크릴은 투명하고 깨질 염려가 적어 테이블, 의자 등 가구재로 적합하다. 흠집이 쉽게 생기는 단점이 있지만 표면을 하드 코팅하는 방식으로 보완이 가능하다.

상판 수지계 인조석은 석재의 가공성과 경제성을 보완하여 주방 가구의 상판, 세면대 등에 쓰인다. 판재를 여러 조각 이어 붙여도 샌딩으로 표면을 갈면 이음매 없이 매끈하게 마감할 수 있다. 또 연마가 쉬운 덕분에 석영의 비중이 90%에 달해 단단한 엔지니어드 스톤과 달리 모서리를 둥글게 만드는 라운딩 가공도 가능하다.
　하지만 산성이 강한 환경에서 오랜 시간 방치하면 오염될 수 있다. 또 내열성이 낮아 고온에서 사용할 경우 표면이 갈라지고 변색이 생긴다. 주로 12mm 두께의 제품을 많이 사용한다.

Interview 1

밋밋한 재료에
생동감을 그리다

흥왕아크릴은 아크릴PTp08 판에 직접 개발한 가공 기술을 적용해 색색의 옷을 입힌다. 다이아몬드를 연상케 하는 세공과 무지개가 떠오르는 색감으로 아크릴을 다채롭게 변신시키는 흥왕아크릴의 기술과 노하우를 살펴보았다.

인터뷰 **정신오** 인터이 **흥왕아크릴 김경희 실장**

감씨(감): 많은 플라스틱 중 아크릴에 집중하게 된 배경이 궁금하다.
김경희(김): 개업 당시에는 아크릴에 대한 수요가 많지 않았다. 오히려 절연체로 사용하는 베이클라이트와 산업 자재로 쓰는 MC 나일론monomer cast nylon, POMpolyoxy methylene 등의 합성수지가 인기였다. 아크릴에 관심을 가지게 된 것은 1990년 말에 수요가 늘면서 부터다. 아크릴은 촉감이 차가운 유리, 금속과 달리 피부와 이질감이 적고 부드럽다. 가공도 다른 재료보다 쉽다. 이런 여러 장점에 흥미를 느껴 적극적으로 가공법을 연구하게 됐다.

감: 주로 어떤 용도의 제품을 가공하나?
김: 아크릴은 투명도나 색을 조절하는 방법으로 다양한 표현이 가능해 용도를 가리지 않고 여러 곳에 적용된다. 그중에서도 가장 많이 쓰이는 용도는 상업 공간의 가구나 조형물이다. 최근에는 카페의 아크릴 착색 테이블을 만들었다. 현대백화점에 입점한 속옷 매장의 제품 진열대를 아크릴로 제작하기도 했다.

감: 아크릴은 단단하지만 흠집이 잘 생긴다는 단점이 있다.
김: 아크릴의 유일한 단점이다. 그러나 하드 코팅하면 생활 흠집 정도는 막을 수 있다. 코팅 대신 표면을 깎아 광택을 내는 폴리싱 방법도 있다. 하지만 흠집이 생긴다고 기능에 문제가 되는 것은 아니다. 목재나 가죽은 색이 변하고 흠집이 생겨도 크게 신경 쓰지 않는다. 반면 아크릴은 '간판으로 쓰이는 저렴한 재료'라는 인식 때문에 작은 흠집도 하자라고 생각한다. 이런 흠집도 세월감으로 인정해주면 좋겠다.

감: 원재료인 단판을 선택하는 기준은 무엇인가?
김: 아크릴은 재활용이 가능하고, 시중에서 재생 제품을 구하기도 쉽다. 하지만 재생 제품은 재활용 과정을 거치면서 색이 탁해진다. 그래서 착색이 어렵고 색을 입히더라도 금세 바랜다. 우리는 되도록 재활용하지 않은 새 제품을 쓴다. 대부분은 한들플라텍이라는 국내 생산업체에서 공수한다.

감: 아크릴 가공법에 대해 소개해 달라.
김: 크게 판을 자르는 '재단'과 색을 입히는 '채색', 부재를 접합하는 '조립'이 있다. 대부분의 합성수지는 재단에서 가공이 끝난다. 반면 아크릴은 조립하거나 채색하는 식으로 2차 가공한다. 채색과 조립은 가공 제품에 따라 순서가 달라진다.

감: 많은 가공법 중 흥왕아크릴에서만 가능한 가공 기술이 있다면?
김: 아크릴판을 자르는 일반적인 레이저 재단은 모든 가공업체에서 가능하다. 우리는 '5축 레이저'라는 특별한 기술로 특허를 받았다. 이 방식은 레이저 헤드를 360° 회전시키면서 아크릴 내부에 10~70°의 각도로 틈을 만든다. 틈을 패턴화하면 아크릴 내부에 무늬를 새길 수 있다. 여기에 색을 입히면 투명한 판과는 또

5축 레이저 재단 공정. 헤드를 360° 회전시키면서 아크릴 내부에 틈을 만든다.

다른 느낌이다. 특허를 받은지는 5년 정도 됐고, SNS로 홍보하면서 2019년부터 지속적으로 생산하고 있다.

감: 한 판에 여러 색을 동시에 입히는 기술 또한 인상적이다.
김: 아크릴은 투명, 반투명, 불투명 제품이 있고, 일반적으로 이 세 가지 질감에 단색을 입혀 가공한다. 하지만 이런 제품은 특징이 없어 밋밋하다. 우리는 기성품에 지루함을 느껴 직접 착색하는 방법을 도입했다. 기술을 갖춘 덕분에 디자인에 차별화를 주고자 하는 수요에 발빠르게 대응할 수 있었다.

감: 채색 작업을 하는 데 크기 제한이 있나?
김: 크기 제한은 없다. 아크릴은 대개 1,200×2,400mm 크기의 단판을 잘라서 사용하는데, 이 정도 판은 쉽게 착색할 수 있다. 두세 장을 동시에 작업해 색이 연결되게 할

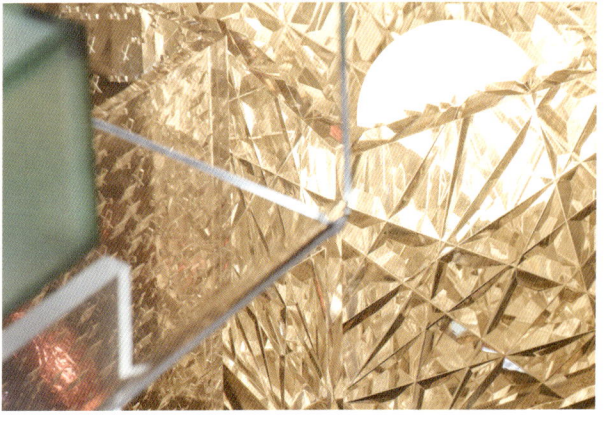

수도 있다. 최근에는 길이가 60m에 달하는 창에 그러데이션을 표현하기 위해 판재 20개를 채색하기도 했다.

감: 단색 제품과 비교하면 제작 기간과 비용은 얼마나 달라지나?
김: 단색 제품은 원료 단계에서 염료를 넣으면 되지만, 두 가지 이상의 색을 입히려면 여러 단계에 걸쳐 작업해야 하기 때문에 가격이 비싸고 시간도 오래 걸린다.
　예를 들어 1,200×2,400mm 단판에 두 가지 색을 입힐 경우, 비용은 같은 크기의 단색 제품보다 최소 3배 정도 비싸고, 기간은 3~7일 정도 더 걸린다. 색상이나 표면 가공을 추가하면 가격이 더 오르고, 제작 기간도 늘어난다.

감: 표면이 투명한 제품은 접합하기가 특히 까다로울 것 같다.
김: 일반적으로 사용하는 접착제는 아크릴을 녹여서 붙인다. 하지만 이 방식은 열을 가하는 과정에서 기포가 발생해 깔끔하게 마감하기 어렵다. 우리는 무기포접착제를 쓴다. 단, 무기포접착제는 기포가 없는 대신 온도와 습도를 정확하게 맞춰야 한다.

감: 그 밖에 아크릴을 활용할 수 있는 방법이 있다면 소개해 달라.
김: 아크릴 사이에 생화나 석재, 목재 등을 매입하는 방식이 있다. 에폭시 PTs03를 사용할 수도 있지만, 마감이 깔끔하지 않고 색이 변한다.
　하지만 아크릴은 가격이 비싸서 가구처럼 큰 제품을 만드는 경우는 드물다. 주로 자연과학 시간에 쓰이는 견본품을 만드는 데 적용한다. 농림청에서 의뢰한 한살림 시리즈는 누에의 알부터 유충, 나방이 된 모습을 아크릴에 매입해 만든 연작이다. 이렇게 하면 교과서에서만 보던 단편적인 모습을 입체적으로 보여줄 수 있다. 그 밖에도 영원히 기억하고 싶은 것을 매입하면 오랫동안 그 모습을 유지한 채로 보관할 수 있다.

한 판에 여러 색을 동시에 입히는 착색 기술. 단색으로 밋밋했던 아크릴에 개성을 더한다.

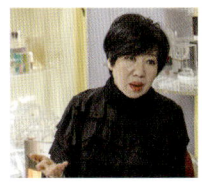

김경희(흥왕아크릴 실장)
백석대학교 사회복지학과를 졸업하고 생활 예술 공동체 길의 고문을 맡았다. 1992년 흥왕아크릴이 전신인 구로베크라이트, 1997년 흥왕아크릴을 설립했다. 현재 흥왕아크릴의 실장을 역임하고 있다.

interview
2

청량한 색을
머금은 공간

—

스튜디오 김거실
김용철 대표

—
원하는 대로 색과 투명도를 조절할 수 있다는 점은 디자이너가 아크릴[PTp08]을 찾는 가장 큰 이유다. 스튜디오 김거실은 어페어 커피(2020), 블루이쉬 브루(2019) 등의 프로젝트에서 아크릴을 적용했다. 그가 계획한 공간에서 아크릴은 청량한 빛을 퍼트려 공간을 한층 위트 있게 만든다. 인터뷰 정신오 사진 권윤성

감씨(감): 여러 프로젝트에서 아크릴을 활용했다. 아크릴을 선호하는 이유는 무엇인가?

김용철(김): 아크릴은 색상이 다양해 다른 재료와 톤을 맞춰 사용하기 좋다. 특유의 광택 덕분에 반사성이 강한 금속과도 잘 어울린다.

대개 주가 되는 재료를 정한 다음에 함께 배치하면 좋을 부재료를 고르는데, 아크릴은 물성이 독특하고 다른 소재와 이질감이 적어 주재료로 사용하는 편이다.

감: 블루이쉬 브루 커피는 어떤 콘셉트로 계획했나?

김: 건축주는 카페의 이름처럼 공간에 푸른빛이 감돌기를 원했다. 그래서 디자인은 단순하되 다양한 재료로 푸른색을 표현했다.

공간에 색을 더하기 위해 옷을 가봉할 때 사용하는 광목천에 파란색 로고를 인쇄해 간판을 만들고, 인디고 색 카펫으로 바닥을 덮었다. 또 조명 박스, 메뉴판 등을 파란색 아크릴로 제작해 포인트를 주었다.

감: 특히 아크릴로 푸른색을 표현한 것이 인상적이다.

김: 카페가 건물의 안쪽 깊숙한 곳에 자리해 빛이 잘 들지 않았다. 자칫 답답할 수 있었기에 빛을 반사하는 아크릴을 적용해 채광량을 늘렸다. 제품은 푸른색과 투명한 질감을 선택해 브랜드를 표현하면서 청량한 느낌을 주었다.

창밖에는 실내의 청량한 분위기와 어울리게 오죽이라는 대나무를 심었다. 창 너머의 오죽이 푸른 아크릴에 반사되면서 공간을 한층 산뜻하게 만든다.

블루이쉬 브루 커피 실내 전경. 바는 푸른색, 손님이 이용하는 공간은 흰색의 재료를 톤온톤으로 매치해 색으로 공간에 위계를 주었다.

감: 투명한 재료라고 하면 유리를 빼놓을 수 없다. 유리 대신 아크릴을 선택한 이유가 궁금하다.

김: 유리는 높은 압력으로 물을 분사하는 워터젯 방식으로 재단하기 때문에 가공이 어렵고 비용이 비싸다. 또 손잡이나 메뉴판처럼 면적이 작은 경우에는 마감면이 깔끔하지 않다. 사용하다 깨지면 파편이 날카로워 2차 피해가 생길 수도 있다. 아크릴은 회전날을 이용하기 때문에 상대적으로 가공이 쉽고 크기가 작은 제품도 깔끔하게 재단할 수 있다. 동일한 두께의 유리보다 5배 이상 강도가 높아 구조적으로도 활용이 가능하다.

감: 한 공간 안에서 두 가지 색으로 영역을 구분했다. 질감에 변화를 준 것도 눈에 띈다.

김: 용도에 따라 공간에 위계를 주려 했고, 그 방법으로 색을 이용했다. 카페의 얼굴이자 중심인 바에는 곳곳에 푸른색을 적용했다. 기성품 중에는 공간과 어울리는 것이 없어 팬톤 칩으로 색을 지정해 맞춤 제작해야 했지만 결과적으로 브랜드의 아이덴티티를 강하게 드러낼 수 있어 만족한다.

색상 외에 질감이나 투명도에도 신경썼다. 손님이 머무는 곳은 따뜻한 느낌의 우윳빛 재료를 톤온톤으로 배치해 자칫 차갑게 느껴질 수 있는 공간을 중화시켰다. 의자에는 생활 방수가 되는 고급 스웨이드 패브릭을 적용하고, 테이블은 흠집이 도드라지지 않도록 흰색의 불투명 아크릴을 썼다.

카페의 이름처럼 공간 곳곳에서 푸른 빛을 느낄 수 있다.

Bluish Brew Coffee

설계 스튜디오 김거실
위치 서울특별시 서초구 서초대로25길 51
연면적 65m²
규모 지상 1층
실내 주요 마감 아크릴, 도장
완공 2019년 8월

사용한 플라스틱

바 테이블 상판
소재 푸른색 투명 아크릴
규격 800×200×10mm
800×200×12mm
가공 방식 아크릴 본드 접합 다보결합
가공업체 (주)은성폴리텍

천장 조명 박스
소재 푸른색 투명 아크릴
규격 2,000×2,000×10mm
가공 방식 전산볼트 고정, 다보결합 타공 후 매입등 설치
가공업체 (주)은성폴리텍

테이블
소재 불투명 아크릴
규격 350×450×600mm, 10mm
가공 방식 아크릴 본드 접합
가공업체 (주)은성폴리텍

감: 어페어 커피는 아크릴을 창문에 적용해 빛과 함께 활용되도록 설계했다.

김: 채광이 부족했던 블루이쉬 브루 커피와 달리 어페어 커피는 빛이 쏟아지듯 들어온다. 여기에 착안해 입구의 상부창에 브랜드 색을 담은 적갈색 아크릴을 적용했다. 낮에 햇빛이 유색 창에 드리우면 적갈색 그림자가 실내 인테리어와 어우러지며 공간을 따스하게 만든다. 저녁에는 아크릴을 층층이 겹쳐 만든 조명이 은은하게 적갈색의 빛을 낸다.

감: 인공조명에 적용했을 때와 차이가 있나?

김: 환경에 따라 색이 조금씩 다르다. 초기에 계획했던 색과 가장 비슷한 것은 인공광 아래에 있을 때다. 자연광을 받은 아크릴은 적색에 가까운 그림자를 만든다. 태양광을 만나면서 채도가 좀 더 올라간 듯하다. 의도하진 않았지만, 덕분에 같은 재료로 톤온톤의 효과를 줄 수 있었다.

감: 테이블은 창문, 조명에 쓴 아크릴보다 두꺼운 제품으로 만들었다.

김: 블루이쉬 브루 커피의 테이블은 상판 아래의 보강재가 하중을 지탱하기 때문에 두께가 얇은 제품을 적용해도 괜찮았다. 반면 어페어 커피의 테이블은 부재를 최소화한 디자인이라 두 개의 아크릴 판재만으로 상판을 받치는 형태다. 그래서 두께가 20mm인 두꺼운 아크릴을 사용해 하중을 지탱할 수 있도록 했다.

감: 향후 아크릴이 폭넓게 사용되기 위해 개선되어야 할 점이 있다면?

김: 목재, 금속은 오랫동안 건축자재로 쓰여왔기에 재료에 대한 연구가 꾸준히 이루어졌다. 반면 아크릴은 소품 정도로 한정되게 쓰이기 때문에 생산하고 가공하는 회사가 많지 않다. 아크릴도 많은 연구를 통해 건축자재로써 품질이 상향 평준화 되면 좋겠다. 그럼 재료를 새로이 사용하려는 시도가 많아질 것이다. 그러기 위해서는 디자이너 역시 건축자재로써 아크릴의 가능성에 좀 더 관심을 가져야 한다.

어페어 커피는 창, 조명, 테이블, 메뉴판에 적갈색 아크릴을 적용해 브랜드 색을 표현했다.

Affair Coffee

설계 스튜디오 김거실
위치 서울특별시 성동구 성수이로6길 11
연면적 99m²
규모 지상 1층
실내 주요 마감 아크릴, 도장
완공 2019년 12월

사용한 플라스틱

벽등
소재 적갈색 투명 아크릴
규격 ø300mm, ø240mm
가공 방식 아크릴 레이어링
가공업체 (주)은성폴리텍

커피 테이블
소재 적갈색 투명 아크릴
규격 400×250×400mm, 20mm
가공 방식 아크릴 본드 접합
가공업체 (주)은성폴리텍

입구 입면 상부창
소재 적갈색 투명 아크릴
규격 2,330×400×8mm
가공업체 (주)은성폴리텍

서울특별시 성수동에 위치한 어페어 커피 전경.

김용철(스튜디오 김거실 대표)
연세대학교에서 시각디자인을 전공한 디자이너 김용철이 운영하는 스튜디오로, 'Form Follows Function'을 근간에 둔다. 클라이언트가 제공하고자 하는 서비스에 스튜디오 김거실만의 개성을 더한 인테리어와 가구, 브랜드 아이덴티티를 제안한다.

Light, Versatile Plastic: PVC

다양한 용도를 만족시키다: 폴리염화비닐

PVC는 장판, 창호, 배수관, 플라스틱 기와 등 여러 모습으로 오랫동안 우리 곁에 머물러왔다. 공간 속 PVC의 다채로운 모습을 살펴보자.

Characteristics of PVC

저렴하고 가볍고
제작이 쉬운 재료

PVC[PTp05]만큼 우리 주변에서 쉽게 발견할 수 있는 재료가 있을까? PVC는 가볍고 제작이 쉬우면서도 내구성이 뛰어나다. 또 쉽게 썩지 않는 데다 가격도 매우 저렴하다. 흔한 탓에 가치를 모르고 사용했던 PVC의 특징과 종류, 그리고 새로운 적용 방법을 알아본다. 글 박계현

내구성 속에 독성을 품다
PVC의 특징

PVC는 폴리비닐클로라이드의 약자로, 국내에서는 폴리염화비닐이라 불리는 열가소성 플라스틱이다.
    내유성과 내약품성, 내한성이 뛰어나 수명이 긴 것이 장점이다. 또한 비용이 경제적이고 절단, 성형이 쉬워 다양한 형태와 색으로 가공해 널리 쓰이고 있다.
    하지만 높은 온도가 일정 시간 이상 지속되면 불에 타고, 연소하면서 인체에 유해한 다이옥신을 포함한 가스를 배출해 위험성이 대두되고 있다. 또한 열에 대한 저항성을 높이고 부드럽게 만들기 위해 첨가하는 재료 중 하나인 프탈레인 계열의 화학물질은 독성물질로 알려져 있다. 때문에 전 세계적으로 PVC의 사용량을 줄이고 대체재를 개발하려는 움직임이 활발하다.

화학적으로 성능을 강화하다
PVC의 종류

U-PVC _{unplasticized PVC}

일반 PVC를 만들 때 첨가하는 가소제와 납 대신에 주석을 배합하여 제조한 제품으로 무가소경질염화비닐수지라고도 한다. 햇빛에 노출되어도 변색이나 변형이 거의 없고 내열성, 내충격성, 내압성, 내약품성 등 기계적 물성이 뛰어나다. 건축에서는 창호재로 많이 사용하고, 위생배관과 상하수도 등 여러 분야에서 배관재로 널리 쓰인다.

C-PVC _{chlorinated PVC}

일반 PVC보다 염소 함량을 10%가량 높인 제품으로 내열염화비닐수지라 불린다. PVC의 내식성과 성형성은 그대로 유지하면서 단점인 내열성을 강화했다. 또한 자체적으로 쉽게 타지 않는 성질을 지녔다. 불에 타기 위해서는 산소가 필요한데 C-PVC는 연소되려면 대기 중의 산소량보다 3배 많은 양을 필요로 하기 때문이다. 주로 소방용 스프링클러나 산업용 특수 배관, 건축용 냉·온수 설비 배관 등 고내열성, 고강도가 요구되는 곳에 사용된다.

Clean PVC

안정제, 가소제 등을 적정 비율로 배합한 제품으로, 중금속이 검출되지 않고 표면이 거울처럼 매끄럽다. 높은 온도에서도 미세입자나 유기물이 분리되지 않고 세균 번식이 어려워 오염되지 않은 깨끗한 물을 사용하는 곳에 적합하다. 특수 배관이 필요한 원자력발전소, 반도체 등의 정밀 화학산업에서 많이 사용한다.

HI-PVC _{High Impact PVC}

단단한 경질 폴리염화비닐 종류 중 하나로, 보강제를 첨가하여 외부 충격에도 깨지지 않고 높은 인장강도를 낸다. 내약품성이 뛰어나 부식에 강하고 전기절연성이 우수해 전선관으로 특히 많이 사용한다. 가격이 저렴해 철제 전선관의 대체재로 쓰이기도 한다.

건축재료로 널리 사용되다
PVC 건축재료

바닥재
방수 기능이 있고 청소가 간편해 주방, 세탁실 등에 쓰인다. 두께가 얇고 바닥과 밀착하므로 열전도율이 우수하고 틈새 없이 시공할 수 있어 위생적이다. 또한 바닥 크기에 맞추어 자른 다음 펼쳐서 고정하기 때문에 시공과 철거가 쉽다. 가격도 경제적이라 가장 대중적으로 사용된다.

PVC 바닥재 중 LVT^{Luxury Vinyl Tile}는 충격에 약하고 자국이 오래 남는 기존 바닥재의 단점을 보강하기 위해 내구성을 높인 제품이다(감06 바닥재편 p.124 참고). 목재, 석재 등 천연 소재 무늬의 막을 입히는 방법으로 다양한 디자인을 구현할 수 있다.

그러나 PVC 바닥재 시장이 그간의 성장을 멈추고 급기야 2019년에는 규모가 줄어들자, 업체에서는 질감을 좀 더 사실적으로 구현하고, 보행감과 흡음성을 높인 제품을 출시하면서 다방면에서 돌파구를 찾고 있다.

지붕재
주택이나 공장 지붕에 사용하는 플라스틱 자재로 골판지 혹은 기와 모양이 일반적이다. 가볍지만 부식에 강하고 썩지 않아 지붕재로 안성맞춤이다. 거친 외부 환경을 무리 없이 견딜 정도로 내수성과 내구성이 우수하고 유연하다. 푸른색, 붉은색 등 다양한 색상으로 제작이 가능하고 이어 붙이는 방식으로 설치해 넓은 면도 손쉽게 시공할 수 있다.

창호
주거, 상업 공간에 자주 사용하는 자재다. 조립과 설치가 쉬운 장점이 대규모 아파트 단지를 짓는 국내의 건설 흐름과 맞물리면서 대량으로 사용됐다.

알루미늄 창호보다 단열 성능이 우수하면서 대량생산이 가능하고 가격이 저렴하다. 하지만 외관이 투박하고 내구성이 약해 규격이 제한적이다. 또한 자외선에 변색되고 화재 시 쉽게 타며 인체에 유해한 가스를 배출한다. 최근에는 표면을 HDF^{High Definition Finishing} 방식으로 코팅해 변색 없이 매끈한 상태를 유지한다.

파이프
연회색의 파이프로 지름과 두께가 다양하다. 내식성, 내약품성, 내유성이 우수하고 냄새를 흡수하지 않아 배관재로 널리 쓰인다. 표면이 매끄러운 덕분에 마찰이 생기지 않아 유속이 빠르고, 반영구적으로 사용할 수 있다. 전기전열성이 높아 전선도관으로도 활용한다.

조인트
파이프와 같은 이유로 수도관, 배수관 등을 연결하는 부위에 사용한다. 파이프의 길이를 늘이고 방향을 바꿔주는 역할을 한다. ㄱ자로 생긴 엘보, 3~5갈래로 길을 확장하는 제품 등이 있다.

인조가죽
직물 위에 PVC 발포층을 입히고 열과 압력을 가해 가죽과 유사한 무늬를 낸 패브릭이다. 천연 가죽보다 내구성이 우수하고 오염에 강하다. 또한 가격이 저렴하고 성형이 쉬워 가죽의 대체재로 활용도가 높다. 특히 소파, 의자, 침대 헤드 등 가구에 많이 쓰인다. 다만 오랜 기간 사용하면 발포층이 깨지면서 찢어지기도 한다.

방수시트
옥상 방수 방법은 크게 도포 방식과 시트 방식으로 나뉜다. **도포 방식**은 액상의 방수재를 뿌리는 것으로 우레탄 방수가 대표적이고, **시트 방식**은 PVC 시트를 깔아 수분을 차단한다. PVC 방수시트는 균일하고 수밀성이 높으며 수명이 긴 것이 장점이다. 또 시공이 쉽고, 내구성이 탁월하다. 갈라짐이나 들뜸 현상이 나타나지 않고 파손되더라도 부분 보강이 가능하다. 무게가 가벼워 건축물의 하중에 영향을 미치지 않는다.

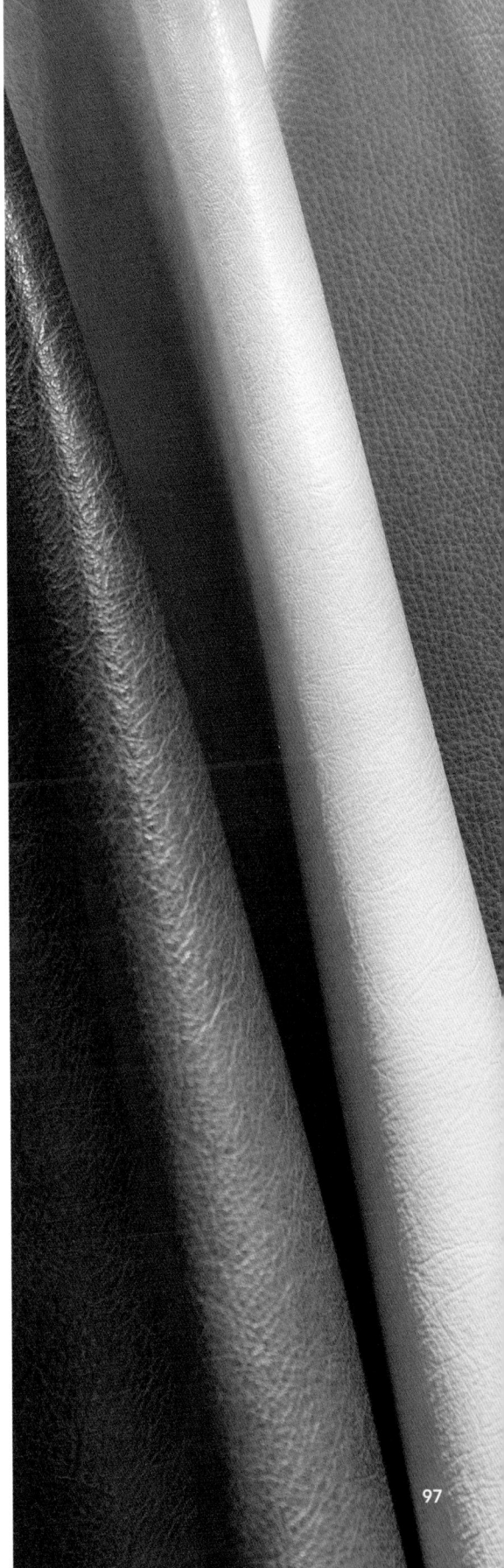

Reportage

다양한 형태로 아름다운 빛을 전달하다

× 코시스홀딩스 영업부 장승욱 상무

어떠한 형태로든 제작이 가능하고, 어떤 조명보다 은은하고 아름다운 빛을 내는 스트레치 실링 시스템Stretch Ceiling System. 프랑스의 노마루NORMARU 사는 PVC[PTp05]로 만든 확산제, 바리솔로 세계 최초로 특허를 받았다. 이를 국내에 단독으로 수입하고, 이후 자체 기술을 개발해 이노솔이라는 발전된 제품까지 완성한 코시스홀딩스의 장승욱 상무를 만나 스트레치 실링 시스템에 대해 물었다. 인터뷰 박계현

코시스홀딩스 영업부 장승욱 상무.

감씨(감): 코시스홀딩스는 PVC 원단으로 만든 스트레치 실링 시스템, 이노솔을 개발했다. 프랑스에서 수입하던 바리솔을 직접 개발하게 된 배경은?

장승욱(장): 모든 조명에는 광원이 있다. 그러나 이 광원을 눈으로 직접 보면 피로감을 느낀다. 이를 막고 빛을 퍼트리는 것을 디퓨전(diffusion, 확산)이라고 한다. 이러한 광확산 기능을 크기, 형태와 관계없이 다양하게 연출할 수 있는 제품이 바리솔로 알려진 스트레치 실링 시스템이다. 바리솔은 스트레치 실링 시스템에 대한 특허를 기반으로 만들어진 프랑스 노마루사의 고유한 제품명이다. 그러나 국내에서는 마치 스트레치 실링 제품의 대명사처럼 쓰이고 있다. 우리는 1998년 엑스텐조Extenzo, 뉴매트 등의 제품을 수입해 국내에 처음 소개했다. 초기 수입해서 사용할 당시에는 현장을 실측한 도면을 프랑스 본사에 전달하면 이에 맞게 제작한 제품을 항공편으로 받았다. 그래서 완제품을 납품받기까지 2~3주 가량의 시간이 걸렸고, 실측이 틀리거나 현장 상황이 변하는 경우에 유연하게 대응하기가 어려웠다. 그러던 중 세계 특허가 2010년에 만료된다는 것을 알았다. 우리는 지속적인 연구를 통해 바리솔이 지닌 단점을 보완한 업그레이드 시스템인 이노솔INNOSSOL을 개발했다.

감: 이노솔의 연간 유통량과 매출은 어느 정도인가? 다른 천장재 제품과 비교해 이노솔의 강점은?

장: 국내 스트레치 실링 시장 점유율은 40% 정도로 추정한다. 한때는 연간 매출이 100억 원이 넘었으나 바리솔의 국제 특허가 만료된 이후 한국에 수많은 경쟁 업체가 생기면서 품질이 낮아지고 단가가 떨어졌다. 국내 업체의 90%는 두세 명이 운영하는 소규모 회사로, 중국에서 수입한 시트를 가내 수공업 방식으로 제작해 공급한다. 그러다 보니 중국보다 국내 제품의 단가가 더 저렴해지는 이상한 현상이 나타나기도 한다.

감: 이노솔에 사용하는 원단은 구체적으로 어떤 제품인가?

장: 스트레치 실링 시스템에 사용되기 위해서는 방염과 광확산 그리고 복원력을 살펴봐야 한다. 요즘에는 스트레치 실링 시스템을 처음 개발한 프랑스 업체조차도 중국산 시트를 다수 사용하는 것으로 알고 있다. 우리는 주로 국내산을 사용하고, 때에 따라 중국산과 유럽산을 쓰기도 한다.

감: PVC를 스트레치 실링 시스템에 적용하기 위해 특별히 처리가 필요한 부분이 있다면?

장: 스트레치 실링 시스템을 만들려면 PVC에 광확산제, 정전기 방지제, 방염과 방충을 위한 보조제가 들어가야 하고 복원력을 높이기 위해 연질화해야 한다. 이러한 보조제의 성분에 따라 성능이 달라지는데, 일부 중국산은 방염조차 안 되는 경우가 많고 연성이나 복원력에서 차이가 난다.

감: 제품의 두께는 어느 정도이고 늘렸을 때 찢어지거나 얇아지는 현상은 없나?

장: 일반적으로 0.18mm 두께의 시트를 사용한다. 굉장히 얇기 때문에 날카로운 물체에 쉽게 손상된다. 반면 인장력과 복원력이 우수해 천장재로 사용하기에 큰 무리가 없다.

△△ 형형색색의 PVC 시트. 빛을 퍼트리는 디퓨저 역할을 한다.
△ 필름을 고정하는 레일. 1.5mm 두께의 알루미늄으로 만든다.

예전에 박람회에서 바닥까지 늘어났다가 열을 가하면 원위치로 돌아오는 특징을 보여주기 위해 원단을 걸어놓고 사람이 올라가는 퍼포먼스를 하기도 했다. 하지만 임계점을 넘어서면 균열이 생기고 온도 변화에 취약해 주로 실내에 사용한다.

갑: 스트레치 실링 시스템의 구조에 대해서 좀 더 자세히 설명해달라.
장: 스트레치 실링 시스템은 세 가지로 구성되어 있다. 첫 번째는 레일로, 1.5mm 두께의 알루미늄 끝에 돌기가 있는 ㄷ자 형태다.
두 번째는 레일에 시트를 걸때 사용하는 부품인 하픈이다. 마지막은 하픈 끝부분에 손으로 밀어 열 수 있는 돌기로, 이노솔의 특허다. 시트를 쉽게 탈부착할 수 있도록 한다. 덕분에 지퍼처럼 밀어서 열어 조명을 교체하거나 청소하는 것도 가능하다. 기존 제품은 탈착이 어려워 벌레가 들어가거나, 광원에 문제가 생겨 교체할 때 숙련된 시공자만 작업이 가능하다. 그러나 이노솔은 부분 탈부착이 쉽기 때문에 교체나 청소가 편리하다. 주로 자동차 전시장, 대형 병원의 로비, DDP나 코엑스 같은 대규모 전시 공간에 사용하고 아파트를 비롯한 주거 공간에도 많이 쓰인다.

갑: 생산 가능한 규격이 정해져 있나?
장: 롤 형태의 원단을 사용하므로 길이에는 제한이 없다. 하지만 한 면이 25m² 미만이 되도록 사용하기를 권한다. 원단은 대개 2.5m 폭으로 생산한다. 이보다 넓을 경우 시트와 시트를 고주파로 접합하는데, 이 과정을 거치면 1mm 정도의 접합 라인, 웰딩이 보인다. 웰딩을 최소화하기 위해 폭이 3m 혹은 5m인 시트도 개발하고 있다. 하지만 아직은 균일도와 시공성이 검증되지 않아 추천하지 않는다. 원단 폭은 수요가 많아질 수록 지속적으로 넓어질 것이다.

갑: 제품을 제작하는 과정에서 다른 회사와 비교해 우위를 점하는 시스템이 있나?
장: PVC 시트를 생산하는 업체 대부분은 자체 설비가 거의 없고, 열악한 환경에서 제품을 만든다. 그렇다 보니 품질을 보장받기 어렵고, 적용 후에도 많은 문제가 생길 수 있다. 특히 복잡한 구조의 현장은 정밀 실측이 필요한데 영세한 업체는 이에 대응하기 어렵다. 우리는 광파기나 자동 재단 시스템, 자동 하픈 부착기 같은 설비를 두어 현장에 신속하게 대응하고, 향후 품질도 보증한다.

갑: 직접 시공하기도 하나?
장: 우리가 직접 시공하지는 않는다. 사각형의 면이라면 숙련된 기술자 두 명이 하루에 40m² 정도 설치할 수 있다. 하지만 곡면은 짧게 잘린 커팅레일을 형태에 맞추어 고정하면서 설치해야 하기 때문에 시간이 더 걸린다.

감: 새로 개발하고 있는 제품이나 품질 개선을 위해 연구 중인 기술이 있나?
장: 현재 스트레치 실링 시스템과 리니어 조명을 결합한 건축자재와 흡음 스마트 라이팅 패널을 출시할 예정이다. 이 제품은 흡음성과 스마트 라이팅을 접목한 불연 패널로, 로비나 고급 레스토랑 복도 등 거의 모든 고급 공간에 사용할 수 있다. 현재 세계 특허를 출원했고, 2020년 상반기에 만나볼 수 있다.

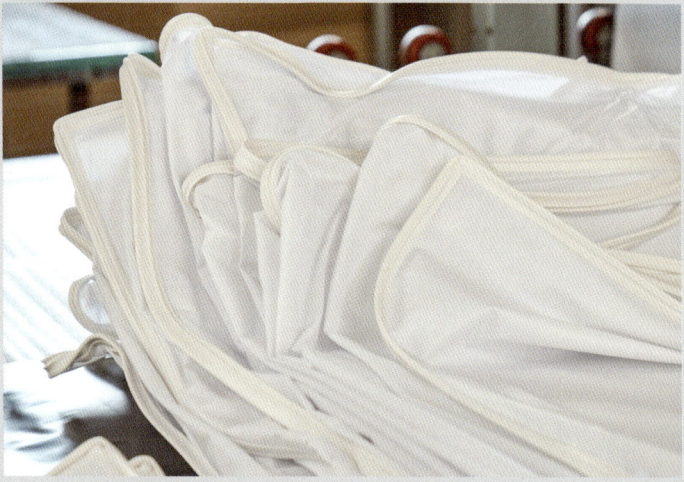

△▷ 자동 하픈 부착기를 이용해 재단한 원단에 하픈을 부착하고 있는 모습.
▷ 이노솔은 지퍼처럼 밀어서 스트레치 실링 시스템을 열고 조명을 교체하거나 청소하는 것도 가능하다.

interview

PVC 파이프를 입은 건물

—
건축사사무소 아뜰리에 마루
구국현 대표

—
배관으로 사용하는 PVC[PTp05] 파이프를 업사이클링해서 외장재로 사용한 건물이 있다. 충청남도 아산시에 위치한 농기계 보관 창고가 그것이다. 얼핏 보면 내외부가 막혀 있기도 뚫려 있기도 한 이 독특한 건물에 PVC를 사용한 이유, 그리고 그 장단점에 대해 설계자 구국현 대표와 이야기를 나누었다. 인터뷰 박계현

감씨(감): 건축주의 요구는 무엇이었고 어떤 콘셉트로 계획했나?

구국현(구): 이 프로젝트의 건축주는 아산시 농업기술센터로, 농업용 기계를 보관하고 빌려주던 기존 창고가 꽉 차게 되면서 그 옆에 비슷한 규모의 창고를 설계해줄 것을 요청해왔다. 건물은 길이가 65m, 높이는 12m로 규모가 꽤 컸다. 건축주의 유일한 요구 사항은 강력한 배기팬을 설치하는 것이었다. 농기구는 추운 날씨에 오랜 기간 시동을 걸지 않으면 고장나기 쉽다. 그래서 사용 빈도가 적은 겨울철에도 주기적으로 시동을 걸어주어야 한다. 겨울이 되면 직원이 창고에 와서 동시에 스무 대 이상의 농기구에 시동을 거는데, 기존 창고는 매연이 밖으로 잘 빠지지 않는 구조였다. 배출된 배기가스와 분진이 창고에 있는 농기계의 외부 철판과 엔진에 달라붙어 녹을 만들고 수명을 단축시켰다. 게다가 부지 바로 앞에 개교한 지 100년이 넘은 초등학교가 있어 주변에 대한 배려가 필요했다. 그래서 안과 밖의 구분이 없는 콘셉트로 건물을 계획하게 됐다.

감: 사용한 재료는 무엇인가?

구: 예산이 넉넉하지 않다 보니 환풍기를 쓰지 않고 매연을 바깥으로 배출하는 방법을 고민했다. 그러다 주변에서 쉽게 구할 수 있으면서 가볍고 저렴한 PVC 폐파이프를 업사이클링하는 방법을 생각했다. 하지만 초반에 고려했던 충청남도 내의 재활용 센터는 재활용 자재의 물량이 부족해 수급이 어려워졌고 결국 새 제품을 사용했다.

재료를 정한 다음에는 모형을 만들고 다양한 크기의 파이프를 직접 잘라서 쌓아보며 그 가능성을 확인했다.

감: 크기는 어떤 기준으로 정했나?

구: 파이프는 보통 길이가 4m인데, 잔여물이 새지 않기 위해서는 20cm가 적당했다. 하지만 20cm로 자르면 비가 들이쳤다. 결국 30cm 두 개 또는 40cm 한 개 길이로 잘라서 사용했다. 크기는 외부로부터 어느 정도 시선을 가릴 수 있도록 지름 15cm를 선택했다. 또 파이프가 쌓이면서 만드는 입면의 무늬에 어울리게 출입구에는 타공 셔터를 설치하고 하부 벽돌도 다공 쌓기로 시공해 창고 전체에 바람이 통하도록 했다.

감: 시공 방법과 디테일에 대해 소개해 달라.

구: PVC는 철골과 접착하기가 어렵다. 처음에는 한 줄씩 와이어로 묶는 방법을 고려했다. 하지만 비용과 시간이 문제였다. 그래서 파이프가 맞닿는 면에 찍찍이라 불리는 벨크로를 붙이거나 3M 테이프를 덧대는 등 여러 가지 실험을 했다. 하지만 두 방식 모두 부재가 접하는 부분을 미리 파악하고 암수를 두어야 한다는 번거로움이 있었다. 결국 접착제를 썼다.

충청남도 아산시에 위치한 농기계보관창고 주변에는 학교, 보건소, 면사무소 등 사회 시설이 많이 있다.

▷ 환풍기를 통한 기계적 환기가 아닌 자연 방식을 이용하기 위해 파이프로 개방된 입면을 만들었다.
▷▽ 파이프가 쌓이면서 만드는 입면의 무늬에 어울리도록 타공 셔터를 설치하고 하부 벽돌도 다공 쌓기로 시공했다.

구조체와 간격이 딱 맞지 않는 틈에는 지름이 10cm 미만인 작은 파이프를 넣었다. 그것조차 들어가지 않을 때는 부피를 수축시킨 다음 빈 자리에 끼워 넣었다. 그래서 구조체 안에 파이프가 딱 맞게 들어가 있다고 보면 된다.

감: PVC 파이프를 쌓아 만든 입면은 내외부가 뚫려 있다.
구: 옆에서 보면 입면이 모두 막힌 듯 보이지만 각도를 조금씩 바꿔 보다 보면 완전히 뚫려 있음을 알 수 있다. 밤이 되면 조명이 새어 나와 분위기가 한층 독특해진다.

감: 유지보수는 어떻게 하나?
구: 2017년 준공했으니 올해로 4년째다. 파이프는 부분적으로 변색이 되기도 했으나 크게 드러나는 정도는 아니다. PVC학회에 문의한 결과 내구성은 50년 정도라고 했다. 표면이 오염되는 것도 걱정했다. 그래도 PVC 파이프는 비가 오면 오염물이 씻겨 내려가 유지관리가 쉬운 편이다. 적용하지는 못했지만 블록으로 묶어서 교체할 때 쉽게 뺄 수 있도록 하면 좋겠다는 발전 방향도 생각해봤다.

감: 건축자재로서 PVC 파이프의 장단점은?
구: 30cm 길이의 파이프로 구현한 입면은 겨울이 되면 실내에 빛을 들이고 여름에는 차양 기능을 한다. 패시브 건물의 외부에 차양을 설치하는 대신 PVC 파이프의 길이를 적당하게 조절해서 창문 밖에 쌓으면 효과적인 차양 역할을 할 것이라고 생각했다. 비용이나 유지보수 면에서도 장점이 많다. 일본의 건축가 시게루 반 Shigeru Ban이 종이 관으로 건축을 한 것처럼, 누가 먼저 생각의 전환을 하는지의 문제다.

밤이 되면 PVC 파이프 사이로 조명 빛이 새어 나와 독특한 분위기를 만든다.

아산시 농기계 보관 창고

설계 건축사사무소 아뜰리에 마루
위치 충청남도 아산시 염성길 70-30 외 3필지
연면적 840m²
규모 지상1층
주요 마감 PVC 파이프, 벽돌
완공 2017년 9월
사진 나르실리온

사용한 플라스틱

외장재

소재 PVC 파이프
규격 125×4,000×4.1mm
가공 방식 커팅
제조업체 ㈜수도산업

구국현 (건축사사무소 아뜰리에 마루 대표)
건축사사무소 아뜰리에 마루의 대표로, 충청남도 어민회관, 사랑요양병원, 갈숲마을 패시브 펜션 등을 설계했다. 2017년 한국농촌건축대전 본상, 2018년 대한민국 진건축사사상, 2019년 대한민국 공공건축상과 충청남도 건축상 우수상을 수상했다.

Plastic in Space

공간 속의 플라스틱

폴리카보네이트, 아크릴, PVC 외에도 공간에는 다양한 플라스틱이 있다. 건축물의 피부가 되어 물성과 디자인을 보완하고 다른 소재와 조합해 복합재료를 이루는 또 다른 플라스틱들을 소개한다.

Plastic as Skin

피부가 되는 얇은 재료

플라스틱은 성형성이 좋아 1mm 이하의 두께로 종이보다 얇게 만들 수 있다. 또 기계적, 화학적 성질이 우수해 건축에서는 다양한 형태의 면재와 판재, 코팅재로 이용한다. 이번 장에서는 플라스틱의 대표 주자로 꼽히는 폴리에틸렌[PTp00], PET[PTp04], 에폭시[PTs03]에 대해 소개한다. 글 편집팀

가장 대중적인 플라스틱: 폴리에틸렌

일상에서 가장 보편적으로 사용하는 플라스틱인 폴리에틸렌은 PVC[PTp05], 폴리스티렌[PTp03], 폴리프로필렌과 함께 4대 플라스틱 중 하나로 꼽힌다. 충격에 강하고 내한성이 양호해 각종 보관 용기의 소재로 많이 쓰인다. 또 전기절연성이 뛰어나 전선 피복, 레이더 등 가전제품의 고주파 전열 재료에 두루 사용된다. 그 밖에도 내수성, 내화학성이 뛰어나고 성형하기 쉬워 산업에서는 파이프, 특수섬유, 탱크의 중공 용기, 비닐하우스나 농업용 필름으로 사용한다. 그러나 유동성과 가공성은 떨어지는 편이다.

폴리에틸렌의 종류
폴리에틸렌은 천연가스와 석유를 크래킹[1]하여 만들고 제조법에 따라 저밀도(0.910~0.925), 중밀도(0.926~0.940), 고밀도(0.941~0.965)로 나뉜다. 폴리에틸렌 중 가장 밀도가 높은 고밀도 폴리에틸렌[PTp02], 즉 HDPE는 같은 부피의 저밀도 폴리에틸렌[PTp01], LDPE보다 분자량이 많아 투명도가 낮고, 강도와 경도, 내구성이 높다. 또 물리적 성질이 우수해 프리캐스트 콘크리트를 대체하거나 목재와 플라스틱의 합성재료 같은 복합소재로 연구가 진행 중이다. 하지만 가공이 어렵다는 단점이 있다. LDPE는 HDPE보다는 덜 단단하지만, 투명도가 높아 비닐이나 포장지로 사용한다. 그 밖에도 미국의 유니언 카바이드[Union Carbide] 사에서 단위체를 기체 상태에서 중합하는 기상중합법[2]을 적용해 개발한 선형저밀도 폴리에틸렌, LLDPE[liner low density polyethylene]이 있다. 이 소재는 녹는점이 118~125℃로 높고, 내충격성, 내열성 등이 우수해 식품 용기를 비롯한 포장재, 전선 피복, 파이프, 공업용 부품 등에 사용된다.

폴리에틸렌의 성형법
성형 방법에는 크게 사출, 압출, 파이프, 중공, 연신성형법 등이 있다. **사출법**은 원료에 열을 가하여 유동성이 있는 상태에서 스크류로 밀어내고, 금형으로 제품을 찍어내는 방법이다. 상자나 팔레트, 장난감, 주방용품 제조에 주로 쓰인다. 이와 비슷하게 원료를 압출성형기에 주입하고 금형에서 밀어내어 일정한 모양의 단면을 가진 연속체로 변환시키는 **압출법**은 필름, 상품 포장용, 쇼핑백을 만드는 데 쓰인다. **파이프법**은 압출기에서 가열, 용융된 수지를 원형 금형에 넣고 파이프나 프로파일과 같은 모양으로 압출한 다음, 이것을 냉각대에서 고체화한다. 각종 관과 창호 프로파일 등의 제작에 쓰인다. **중공법**은 성형 재료를 관 형태로 압출하고 이것을 곧바로 금형에 끼운 뒤 내부에 공기를 불어넣어 중공품을 성형하는 방법을 말한다. 보관 용기와 자동차 연료 탱크에 적합하다. **연신법**은 필름이나 단섬유, 시트를 연신온도까지 가열 후 양 끝을 클립으로 집어 가로 방향으로 늘리면서 동시에 일정 길이로 클립 간격을 확대해 세로 방향으로 늘리는 방법을 말한다. 어망, 테이프, 연료 탱크 등에 적용된다.

파이프법은 가열, 용융된 수지를 원형 금형에 넣고 파이프 모양으로 압출해 고체화한다.

PET: 폴리에틸렌테레프탈레이트

1941년 영국의 존 렉스 윈필드John Rex Whinfield가 에틸렌 글리콜Ethylene Glycol과 텔레프탈산Terephthalic acid을 중합해 만들었다. PET는 투명도가 높고 광택이 풍부하다. 또 기계적 성질이 우수하고 전기적 성질과 내후성이 좋아 표면 품질이 중요한 분야에 적합하다. 하지만 인장강도와 수분 흡수율이 낮아 대부분 병이나 포장 용기로 사용한다. 내충격성과 내열성이 떨어지고 높은 온도나 장기간에 걸쳐 산 또는 알칼리 물질과 접촉하면 쉽게 변형된다.

열처리에 따른 PET의 분류

중합 과정에서 원료의 종류와 비중을 조정하거나 열처리 방법을 통해 투명도를 비롯한 여러 물성을 조절한다. 열경화되지 않은 투명한 상태의 PET를 APET, 열경화되어 불투명한 상태를 CPET라고 한다. 열경화에도 불투명하게 변하지 않도록 처리한 GPET(PETG), 고온으로 열처리해 내화학성을 갖춘 OPET도 있다. GPET는 후가공 중에 열을 가해도 열경화가 일어나지 않아 다루기가 편리하다. 또한 인쇄가 쉬워 가구용 장식 필름으로 많이 쓰인다. OPET는 열수축 필름, OHP 필름, 포장용 테이프 필름 용도로 널리 사용하고 음료 용기의 라벨 필름으로 가장 많이 쓴다.

건축재료로서 PET의 발견

PET는 의류용 폴리에스터 섬유의 원료가 되거나 테이프, 필름으로 많이 사용된다. 특히 PET를 원료로 만든 폴리에스터 섬유는 가공이 쉽고 가격이 저렴해 합성섬유의 절반이 넘는 비중을 차지한다(감14 패브릭 p.33 참고). 최근에는 PVC와 마찬가지로 필름 형태로 만들어 가구 표면재로 사용하기도 한다. 가구용 PET는 두께가 0.4mm 정도로 0.09~0.2mm인 PVC 제품보다 두 배 이상 두껍고, 흰색의 유광 자재는 시중에 유통되는 UV 화이트 제품보다 광도와 평활도가 우수하다.

PET는 주로 일회용 포장 용기로 쓰이는데, 지나치게 많이 생산되는 탓에 오히려 재활용 방안이 활발히 연구되고 있다. 국내에서는 2010년 재생 PET 섬유를 첨가해 황토 콘크리트를 만드는 방안을 제안했다. 실제로 연세대학교의 연구 결과에 따르면 콘크리트 부피의 0.5%에 해당하는 양의 섬유만 혼입해도 균열제어 성능과 경제성이 향상된다고 한다. 또한 PET 섬유는 감촉이 좋고 가벼운 데다 높은 단열성과 흡음성을 갖춰 난방용 자재, 바닥재, 천장재 등 인테리어 재료로 사용한다. 미국의 아르크투라Arktura 디자인 그룹은 재활용 PET를 이용해 천장재를, 한국의 그리심산업은 PET 섬유를 압축해 특수 열처리한 오버스트OBERST 보드를 개발했다.

병두껑: 폴리프로필렌
병목: 불투명 CPET
수축 라벨: OPET 필름
병의 연신된 몸체: 투명 OPET
병의 연신되지 않은 바닥: 투명 APET

+TIP PET에 대한 오해 중 하나는 뜨거운 물을 담으면 하얗게 변하거나 찌그러지면서 환경호르몬이 나온다는 것이다. 페트병은 식품 용도에 따라 제조 과정에서 열처리 여부를 결정하는데, 열처리 공정을 거치지 않는 탄산음료나 생수 병은 약 55℃ 이상의 온도에서 하얗게 변하거나 찌그러지는 물리적 변형이 일어나지만, 열처리 과정을 거친 오렌지 주스 병은 90℃ 정도의 뜨거운 물을 담아도 변형되지 않는다.

PET vs. PBT

PBTPoly Buthylene Terephthalate 수지는 PET의 성형성을 개량한 물질로, 1971년 셀라니즈Celanese 그룹이 개발했다. 난연화가 비교적 쉬워 전기전자 부품의 성형에 많이 쓰인다. PET와 PBT의 녹는점은 각각 256℃와 220℃이고, 유리 전이온도도 70℃와 40℃로 높다. 열변형 온도는 PET가 높지만, PBT도 유리섬유를 첨가해 온도를 높일 수 있다. 폴리에스터계 수지인 PBT나 PET 자체는 난연성이 없지만 난연제를 첨가하여 불에 잘 연소되지 않도록 할 수 있다.

에폭시

에폭시 또는 에폭시 수지는 에폭시드 epoxide의 구어체 이름이다. 화학구조 내에 에폭시 활성기를 가진 물질을 통칭해 에폭시라 한다. 에폭시는 제2차 세계대전 당시 군사용으로 쓰이던 것을 1960년대 가전제품에 적용하면서 사용량이 늘어나고, 본격적으로 산업에 쓰이기 시작했다. 에폭시는 폴리에스터 수지, 페놀 수지PTs01, 요소수지, 멜라민 수지PTs05 등에 비해 반응 수축률이 매우 낮고, 휘발 물질이 발생하지 않는다. 또 기계적 성질과 전기절연성이 매우 우수하다. 그러나 자외선에 약하고 경화 시간이 길어 경화제를 섞어서 사용해야 한다. 바탕면이 폴리에틸렌이나 폴리프로필렌, 실리콘PTs04 등으로 극성이 없는 경우에는 부착력이 약하다.

에폭시의 다양한 활용

건축재료로의 활용은 크게 세 가지로 나뉜다. 첫 번째는 콘크리트나 철재 구조물의 표면을 강화하고 부식을 막아주는 도장재료다. 가구의 표면을 보호하는 목적으로 사용하기도 한다. 두 번째는 콘크리트 구조물의 균열이나 박리를 방지하는 보수재료로, 취성이 강한 소재의 약점을 보완한다. 마지막으로 탄소섬유나 합성섬유와 조합해 구조물 보강재의 접착제로 사용한다.

우수한 내구성과 전기절연성 덕분에 도장재료로 사용하는 경우 특히 바닥마감에 많이 쓰인다. 바닥에 사용하는 에폭시 자재는 에폭시 투명제, 에폭시 무용제(라이닝), 컬러 에폭시 등이 있다(표 참고).

무용성 에폭시는 상가나 아파트, 공장 등의 바닥 부위에, 수용성 에폭시는 수영장 또는 오수 정화시설, 물탱크 등 물에 자주 노출되는 장소에 사용한다. 또한 에폭시 페인트는 강도와 접착력이 우수할 뿐만 아니라 두꺼운 후막을 잘 형성한다. 이 때문에 주차장이나 공장처럼 무거운 물체가 자주 지나다니는 곳의 바닥에 많이 쓰인다. 또한 황산이나 염산 등 화학약품을 자주 사용하는 장소에도 적합하다. 다만 얇게 도포되는 특성 때문에 울퉁불퉁한 바닥에는 시공이 어렵다.

에폭시는 투명하고 내구성이 우수해 가구의 표면을 보호하는 목적으로 사용하기도 한다.

에폭시 바닥재		
명칭	장점	단점
에폭시 투명제	롤러로 페인트 칠하듯 시공. 시공법이 간편해 일반인도 충분히 작업 가능. 가장 저렴한 가격.	두께가 얇아 바닥표면의 상태에 따라 모습이 그대로 드러남. 강도가 조금 떨어짐.
에폭시 무용제 (라이닝)	헤라로 펴서 바르는 제품. 두께가 있어 바닥 강도가 좋고, 마감 품질이 높음.	투명제에 비해 높은 가격. 작업 요령이 필요하기 때문에 전문가에게 맡기는 것이 좋음.
컬러 에폭시	에폭시 라이닝과 비슷한 물성. 여러 색상과 디자인으로 바닥마감 가능.	가장 높은 가격.

용어정리
1) 크래킹(cracking): 고분자 유기화합물 내에 있는 탄소와 탄소 사이의 결합을 끊음으로써 작은 분자로 만드는 공정. 석유 원유를 열분해, 접촉 분해의 방법으로 휘발유 같은 경질 석유로 만드는 데 쓴다.
2) 기상중합법: 가스 상태 단량체들이 반응 촉매 또는 산화제와 접촉하면서 활성화되고 서로 결합해 중합이 일어나는 합성 과정.

Plastic as Composite Material

플라스틱과 만난 복합재료

건축자재는 하나의 재료만 단독으로 사용하기보다 여러 재료를 혼합하거나 조합해 각각이 지닌 단점을 보완하고 장점을 극대화한다. 그간 여러 건축재료를 다뤄온 감 매거진 시리즈의 지면에서도 약방의 감초처럼 다른 재료를 돕는 플라스틱을 곳곳에서 발견할 수 있었다. 지금까지 책에서 언급되었던 플라스틱 복합재료를 한 자리에 모았다. 글 정경화

섬유강화플라스틱

감14 패브릭 p.34, 120~129

고분자 수지와 유리섬유, 탄소섬유, 아라미드 섬유 등의 슈퍼섬유를 결합해 만든 복합재료다. **플라스틱**의 경량성, 성형성, 경제성과 **슈퍼섬유**의 높은 강도, 내식성이 결합돼 강력한 물성을 갖췄다. 강철에 비견될 정도로 강하면서도 무게가 매우 가벼워 건축에서는 금속을 대체하거나 시트로 제작해 노후화된 콘크리트 구조물을 보수, 보강하는 용도로 사용한다. 시공 후 수축팽창이나 변형이 적은 것도 장점이다. 그 밖에 내수성과 내부식성이 뛰어나 욕조나 물탱크, 정화조의 재료로 사용하고, 탱크를 비롯한 대형 기기나 화학, 산업 설비를 제작하기도 한다.

슈퍼섬유가 소재의 물성을 결정한다면 수지는 섬유를 서로 결합시켜 재료에 가해지는 힘을 분산하는 역할을 한다. 불포화 폴리에스터 수지PTs02를 가장 많이 사용하고 이외에 에폭시 수지PTs03, 비닐에스터 수지 등을 쓴다. 불포화 폴리에스터는 무색 투명한 열경화성 수지PTs로, 섬유강화플라스틱의 단골 재료다. 가격이 저렴하면서도 내약품성이 뛰어나고 가공이 쉽다. 단점은 수축률이 7~10%로 높다. 에폭시 수지는 가격이 비교적 높지만 물성이 매우 우수해 수요가 점점 증가하는 추세다.

탄소섬유강화플라스틱은 1980년대에 우주, 항공 분야에서 활발히 쓰였다. 최근에는 자동차산업에서 경량 소재에 대한 관심이 늘면서 다시 주목받고 있다.

유리섬유강화플라스틱은 건축에서 유닛배스의 재료로 많이 사용한다. 이외에 섬유의 질감이 은은하게 비치는 지붕재, 조형물의 재료, 철제 그레이팅의 대체재로도 활발히 쓰인다(p.128 참고).

△△ 섬유강화플라스틱의 원료가 되는 유리섬유.
△ 유리섬유 위에 스프레이로 액상의 플라스틱 수지를 뿌리고 굳혀 섬유강화플라스틱을 완성한다.

막재(멤브레인 membrane)

패브릭을 직조해 만든 기초포와 플라스틱 수지층으로 이루어진 복합재료다. 여기서 플라스틱은 대개 직포 위에 바르거나 필름 형태로 접합해 표면을 보호하는 코팅재의 역할을 한다. 코팅재로는 PVC PTp05, 아크릴 PTp08, 실리콘 PTs04, 불소수지 등을 사용하고, 막재의 명칭은 이들 소재의 이름을 따와 붙여진다. 대표적으로 PVDF (polyvinyliden fluoride, 불화비닐리덴수지), PVF (polyvinyl fluoride, 불화비닐수지), PTFE (polytetra fluoro ethylene, 폴리테트라 플루오로 에틸렌)가 있다.

영국 콘월 Cornwall 에 위치한 온실 식물원, 에덴 프로젝트 Eden Project. 철재 프레임 위에 세 겹의 ETFE 필름을 덮어 마감했다.

ETFE ethylene tetra fluoro ethylene 필름

에틸렌과 테트라 플루오로 에틸렌을 95% 이상 포함한 열가소성 불소수지로 만든 필름을 뜻한다. 투명성과 내후성이 뛰어나고 재활용이 가능한 것이 대표적 특징이다. 단위면적($1m^2$)당 무게가 350g으로 매우 가볍고 유연하다. 또 표면이 매끄러워 먼지 같은 오염물질이 달라붙지 않고 빗물에 씻겨 내려가 유지관리가 매우 쉽다. 덕분에 대공간 구조물에서는 지붕의 하중을 획기적으로 줄여주는 지붕재로, 비정형 건축물에서는 자유로운 형태를 구현하는 외장재로 요긴하게 쓰인다.

작동 방법에 따라 가장자리를 잡아당겨 장력을 발생시키는 **텐션 방식**과 필름을 이중으로 두고 내부에 압력을 가해 부풀리는 **쿠션 방식**으로 나뉜다. 전자는 자연스러운 곡면을 구현하는 것이 장점이고 후자는 내압을 유지하기 위해 가압장치가 필요하지만 대신 곡률의 정도를 조절할 수 있다. 또 바람에 의해 막재가 찢어지는 것을 공기층이 막아주고 단열성을 높여줘 전자보다는 후자를 많이 쓴다.

제품은 일반적으로 두께 50~250μm, 폭 2.35m 이하의 롤 형태로 제작한다. 수명은 30년 이상이다.

PVDF 막재

폴리에스터 원사를 직조해 만든 직포에 PVC, PVA 등의 수지를 코팅하고, 액상의 PVDF를 도포해 만든다. PVDF는 불소수지의 한 종류로, 불소의 장점인 자정작용 덕분에 오염에 매우 강하다. 그래서 막재의 물성을 오래 유지하고 수명을 확보하는 역할로 활용한다.

PVDF 막재는 인장강도와 힘이 가해졌을 때 깨지지 않고 버티는 정도를 뜻하는 파열강도가 높다. 가공이 쉬운 것도 장점이다. 수명은 10~20년으로 PVF, PTFE에 비해 노화 속도가 빠르지만, 그만큼 가격도 저렴하다. 대부분 창고에 쓰인다.

PVF 막재

PVF는 불소수지를 필름화한 재료로, PVDF와 마찬가지로 불소 덕분에 자정작용이 우수하고 내후성, 내약품성이 뛰어나다. 건축에서는 외장재의 내구성을 높이기 위해 표면에 필름을 덧대거나 막재로 쓰는 경우가 많다.

    PVDF 막재가 직포에 액상의 수지를 도포한다면, PVF 막재는 PVF 필름을 한 겹 덧입힌다. 인장강도, 파열강도가 높아 내구성이 뛰어나고 오염이 적어 비교적 오랫동안 깨끗한 외관을 유지한다. 단점은 일반 공장에서 접합하기가 어려워 원단의 가격이나 가공 비용이 상대적으로 비싸다. 수명은 15~20년으로 PVDF와 PTFE의 중간 정도다.

PTFE 막재

유리섬유를 직조한 직포를 액상의 PTFE에 여러 번 담갔다가 숙성시켜 만든다. PTFE는 내후성, 내약품성이 뛰어나고 불연성을 갖춰 금속의 성능을 보완하는 코팅재로 많이 쓰인다. 높은 온도를 버티고 독성이 없어 프라이팬이나 제빙기 안쪽 면을 마감하는 소재로 사용하기도 한다.

    PTFE 막재는 유리섬유의 단단함과 PTFE의 내후성, 내오염성이 결합해 매우 튼튼하면서도 오래 가는 물성을 낸다. 다만 유리섬유는 인장강도가 매우 높은 반면 인열강도와 굴절성이 낮아 한번 파열되면 연이어 찢어지고 깨질 수 있다. 또 가공성이 좋지 않아 가격이 비싸다. 경기장과 같은 대규모 막구조 건축물에 쓰이고, 2002년 FIFA 월드컵 당시 지어진 막구조 경기장은 대부분 이 소재를 막재로 사용했다.

유기질 단열재

감03 콘크리트 p.74-75

발포 폴리스티렌
적용 자재: 비드법 단열재, 압출법 보온판

발포 폴리스티렌PTp03은 98%가 공기이고 나머지 2%만 수지로 이루어져 있어 매우 가볍고 부피가 크다. 두터운 공기층이 촘촘하게 채워진 덕에 단열성과 방음성, 완충성이 뛰어나다. 칼로 쉽게 자를 수 있어 가공이 간단하고 재활용 비율도 높아 단열재나 방음재, 포장재, 보호재로 폭넓게 쓰인다.

압출법 보온판과 비드법 단열재는 대표적인 발포 폴리스티렌 단열재다. 특히 압출법 보온판은 건자재 기업 벽산의 대표 제품인 아이소 핑크로 잘 알려져 있다. 둘은 기본적인 물성이나 단열 성능은 비슷하지만, 적용 용도에 약간의 차이가 있다. 전자는 수분을 거의 흡수하지 않아 건물 기초나 습기가 많은 지하층에도 쓸 수 있다. 반면, 비드법 단열재는 표면에 공극이 많아서 수분을 잘 흡수하기 때문에 대부분 바닥과 맞닿지 않는 외벽 마감재로 사용한다.

폴리우레탄
적용 자재: 경질우레탄폼, 수성연질폼

폴리우레탄PTs06은 이소시아네이트isocyanate와 폴리올polyol, 두 액체를 혼합하고 발열반응을 일으키는 과정에서 촉매와 발포제 등의 첨가제를 주입해 만든다. 구성 성분의 비율에 따라 밀도와 경도가 달라진다.

화학약품에 잘 견디고 신축성, 성형성이 뛰어나 고무를 대체하거나 전기절연체, 매트리스, 스펀지 등으로 사용한다. 특히 합성섬유(감14 패브릭편 p.33 참고)와 페인트(감04 페인트편 p.40 참고)로 활용도가 높다. 건축에서는 창호 충진재, 단열재 등 기밀성을 높이는 목적으로 많이 쓰인다. 단열재에는 공장에서 딱딱한 판형으로 제작하는 경질우레탄폼, 발포율을 매우 높여 현장에서 스프레이 건으로 발포해 시공하는 수성연질폼이 있다. 고가이지만 열전도율이 상당히 낮아 높은 단열 성능이 요구되는 공간에 적합하다.

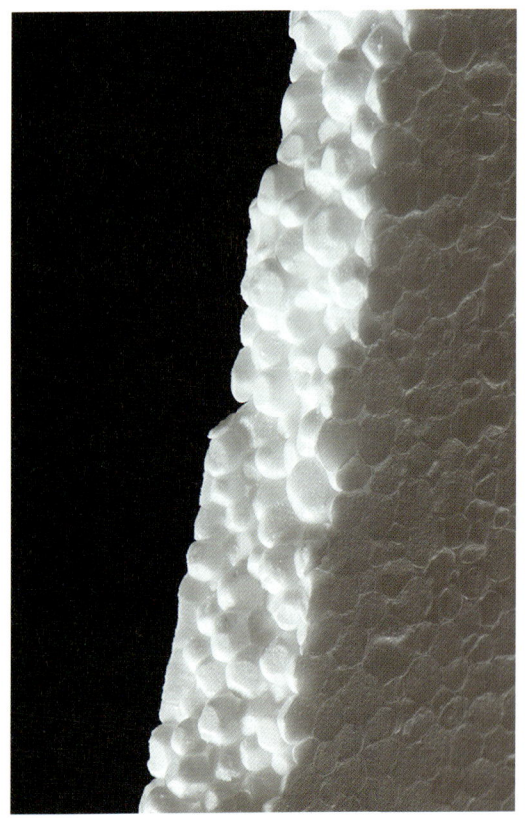

발포 폴리스티렌의 단면.

수성연질폼을 발포해 벽체와 창호 사이의 틈을 메우는 모습.

모양지에 수지를 함침해 만든 저압
화장판과 고압 화장판은 빌트인
가구의 단골 표면 재료다.

가구의 표면재

감12 빌트인 가구 p.48-49

멜라민 수지 melamine resin

적용 자재: 저압 화장판, 고압 화장판

투명하면서 도자기와 비슷한 질감과 광택을 내는 것이
특징이다. 내열성, 내약품성, 내수성이 뛰어나고 강도가 높아
장식 시트로 널리 쓰인다.

    멜라민 수지 PTs05 를 이용한 가구 표면재로는 저압 화장판,
고압 화장판이 있다. **저압 화장판**은 무늬를 인쇄한 모양지에
멜라민 수지, 요소수지를 함침해 만든 시트다. **고압 화장판**은
멜라민 수지를 함침한 모양지에 심재를 더한 것으로, 더 두껍고
단단하다. 이들 자재에서 멜라민 수지는 모양지의 표면을
보호하는 역할을 한다.

페놀 수지

적용 자재: 고압 화장판

강도를 비롯한 물성이 전반적으로 우수해 다양한 산업에서
활발하게 쓰인다. 특히 내열성, 난연성, 가공성 등 건축자재에
요구되는 성능이 뛰어나다. 건축에서는 접착제로 사용하거나
내열성, 내약품성, 강도 등 자재의 특성을 강화하기 위해
사용하는 경우가 많다. 가구 표면재의 종류 중 하나인 고압
화장판에서는 심재의 재료로 쓰인다. 크래프트지에 페놀
수지 PTs01 를 함침해 만든 심재는 강도와 완충력 등 가구의
표면재에 필요한 물성을 낸다.

interview

플라스틱 유닛으로 만든 적층 공간

-

HG-Architecture
국형걸 대표

-

HG-Architecture의 대표이자 이화여자대학교 부교수인 국형걸은 최근 팔렛스케이프Palletscape라는 브랜드를 론칭했다. 그는 물건을 옮기는 용도로 사용하는 산업현장의 플라스틱 팔레트를 이용해 바닥과 벽 그리고 천장이 있는 공간을 만들었다. 플라스틱의 이유 있는 변신을 들어봤다. 인터뷰 **심영규** 사진 **신경섭**

감씨(감): 건축재료로써 플라스틱의 매력은 무엇인가?
국형걸(국): 플라스틱은 기본적으로 열을 가하면 쉽게 성형할 수 있고 잘 깨지지 않는다. 일정 수준 이상의 강도를 지니면서 가볍고, 가공하기가 쉬운 데다가 투명도도 조절할 수 있다. 그래서 활용도가 높다.

감: 팔레트를 이용해 여러 프로젝트를 진행했다. 팔레트는 어떤 자재인가?
국: 팔레트는 물건을 적재하고 지게차로 들어서 옮기기 위해 사용하는 재료로, 마트, 공장, 가구, 건자재 등 대부분의 제조, 유통 산업에서 활발하게 쓰인다. 소재는 목재, 플라스틱, 철, 알루미늄 등으로 다양하다. 가격은 금속이나 알루미늄 제품을 제외하면 대부분 비슷하다. 해외에서는 목재를 많이 쓰는 반면, 국내에서는 플라스틱으로 대체하는 추세다. 단점은 이미 성형을 거친 기성품이다 보니 커스터마이징이 어렵다.

Bilateral Theatre
@ 서울시립미술관

설계 국형걸
(HG-Architecture)
위치 서울특별시 중구
덕수궁길 61 서울시립미술관
대지면적 237m²
마감 플라스틱 팔레트
완공 2013년 6월

사용한 플라스틱
자재명 플라스틱 팔레트
규격 1,100×1,100×150mm
가공업체 동일플라스틱

서울시립미술관에서 열렸던 전시 〈종합극장: Interspace Dialogue〉의 프로젝트, 바이래터럴 시어터(2013)에서 플라스틱 팔레트를 처음 공간에 적용했다.

감: 플라스틱 팔레트는 어떤 특성이 있나?

국: 일반적으로 고밀도 폴리에틸렌PTp02을 많이 사용하고, 무게는 10, 12, 18, 20, 22kg 등이 있다. 디자인에 따라 단면 제품과 양면 제품으로 구분하는데 단면은 12kg로 가볍고 작업성이 좋다. 하지만 파손되기 쉽다. 양면은 18kg 이상으로 앞뒤가 같아 디자인에 따라 다른 제품을 사용한다.

형태는 사각형이고 규격은 1,100×1,100×150mm이 기본이지만, 생산 업체마다 1,000×1,000mm, 1,000×1,300mm 등 조금씩 다른 크기로 만든다. 색상은 초록색과 검은색이 가장 많고 빨강, 노랑, 갈색 등 원색 계열도 있지만 구하기 쉽지 않다.

팔레트는 하중을 견뎌야 하는 구조체이자 커스터마이징이 어려운 기성품이기 때문에 '제작'보다는 '구매'하는 물건에 가깝다. 국내에서는 동일플라스틱, 세화팔레트, 내쇼날프라텍 등에서 생산, 대여한다. 단, 소량이나 단기간 대여는 어렵다는 단점이 있다.

감: 플라스틱 팔레트를 처음 적용한 프로젝트는?

국: 서울시립미술관에서 열렸던 〈종합극장: Interspace Dialogue〉 전에서 바이래터럴 시어터Bilateral Theatre I (2013)를 진행했다. 재활용 자재로 전시 공간을 기획하는 작업이었는데, 우연히 팔레트를 대여할 수 있다는 사실을 알게 됐다. 우리는 직육면체의 공간 양쪽에 팔레트를 벽돌처럼 쌓아 언덕을 만들었다. 평소에는 걸터 앉는 의자로 쓰고, 영화를 상영할 때는 언덕 사이로 스크린을 내려 극장처럼 이용한다.

감: 그후 어떻게 발전시켰나?

국: 이후에 대구미술관 로비에 '텍토닉 랜드스케이프'라는 휴식 공간을 만들었다. 이전까지는 팔레트를 반 개 길이씩 밀어 수평으로 쌓았다면 여기에서는 수직으로 적층해 사용했다. 쓰러지지 않을까 걱정했지만 특별한 보강재 없이 자체 구조만으로 6단까지 올릴 수 있었다.

문화역서울 284에서는 미로를 만들고 내부에 미디어아트 작품을 전시했다. 전시관 자체가 높기 때문에 엮어 쌓는 방식으로 팔레트 네 개를 세워 직육면체의 기둥을 만들고 층별로 엇갈리게 쌓아 최대한 거대한 규모로 완성했다.

2016년 서울건축문화제에서는 찾아가는 동주민센터 작업을 230개 전시했다. 전시 기간은 한 달인데, 목공 작업으로 가벽을 세우면 시간과 비용이 낭비된다. 그래서 병풍식으로 4개의 프로토타입을 만들어 2.9km에 달하는 을지로 지하보도에 '서울에서 가장 긴 전시 공간'을 꾸몄다. 미술관에서는 바닥이 되어 주었던 팔레트가 이곳에서는 벽이 된 것이다.

감: 단순히 벽과 바닥이 아닌 다른 용도로도 활용했다.
국: 수원한국지역도서전(2019)에서 무대, 의자, 전시 부스, 도서 전시대까지 폭넓게 적용했다. 전시 부스는 지붕이 있는 라멘구조다. 도서 전시대는 한번 접은 철물에 볼트를 고정해 제작했다. 그리고 중간에 두 개의 가설재를 설치하고 양 끝을 볼트로 접합해 강도를 크게 높였다. 2019년, 경남도립미술관 마당에 설치한 파빌리온은 두 개의 큰 원이 모인 8자 형상이다. 수평, 수직 부재를 번갈아 배치해 형태를 만들고 지붕에는 조명을 설치했다. 플라스틱 팔레트는 지붕과 바닥, 벽의 역할을 동시에 수행하며 하나의 공간을 만들어 낸다.

감: 설치나 해체 면에서 장점도 많을 것 같다.
국: 플라스틱 팔레트는 이동과 설치가 간단하고 해체도 쉽다. 필요에 따라 벽돌을 다르게 쌓듯 용도나 규모, 공간의 특성에 따라 맞춤 시공하면 다양하게 연출할 수 있다. 중간에 가설재를 보강하면 벽체를 20m의 높이까지 올리는 것도 가능하다. 슬래브를 함께 시공해 구조물이나 건물 자체를 만들 수도 있다. 전시나 파빌리온처럼 일시적인 구조물에는 가장 효율적이고 경제적이다.

감: 최소, 최대 규모로 적용한 프로젝트는? 유닛의 연결은 어떻게 하나?
국: 수원한국지역도서전이 2,300개로 가장 많다. 2017년 젊은건축가상 전시에서는 100개 가량 사용했다. 연결할 때는 흑색 케이블타이를 이용한다. 대개 수평면은 끝에만 연결하고 수직면은 모서리마다 두 개씩 사용한다. 설치기간이나 비용은 공간의 규모나 작업의 난이도에 따라 다르다. 그러나 무대나 전시 공간 설치에 일반적으로 드는 비용보다 경제적이다.

대구미술관 로비에 만든 휴식 공간, 텍토닉 랜드스케이프의 전경.

Tectonic Landscape
@ 대구미술관

설계 국형걸
(HG-Architecture)
위치 대구광역시 수성구 미술관로 40
대지면적 289m²
마감 플라스틱 팔레트
완공 2014년 2월

사용한 플라스틱
자재명 플라스틱 팔레트
규격 1,100×1,100×150mm
가공업체 동일플라스틱

감: '팰릿스케이프'라는 별도의 브랜드로 만든 이유는?

국: 기존에는 기성재료로 전시 공간을 조성하는 방식이 없었다. 최근에는 공간이 점점 더 이벤트성으로 변한다. 광화문이나 여의도 공원, 코엑스 같은 전시장에서는 행사나 집회, 전시가 수시로 바뀐다. 그때마다 천막이나 텐트를 치고 행사가 끝나면 철거하는데, 이 방법은 사회적 비용이 많이 들고 소모적이다. 반면 팰릿는 구매하고 되팔기가 쉽고, 대여할 수도 있다. 이러한 방식으로 전국을 돌면서 공간이 되었다가 다시 산업현장에 되돌아감으로써 엄청난 사회적 비용을 절약한다. 그런 면에서 폐기물을 적게 배출하는 친환경 자재다. 게다가 뻔한 디자인의 몽골텐트보다 훨씬 다양하게 연출할 수 있다. 하지만 아직 팰릿나 컨테이너하우스는 저렴하다는 인식이 강하다. 경제적인 장점도 있지만, 그보다 좀 더 나은 결과물을 만들어낼 수 있다는 점이 더 중요하다.

감: 강재와 플라스틱은 둘 다 모듈 방식에 적합하지만, 장단점은 다르다.

국: 두 재료 모두 가공성과 강도가 우수하다. 반대로 차이점을 살펴보면, 강재는 차갑고 딱딱하다면 플라스틱은 유동성이 있어 부드럽고 사람들에게 친숙하다. 장난감, 블록 등으로 어린아이가 가장 먼저 접하는 재료이기도 하다. 우리의 작업은 일종의 플라스틱 블록 쌓기로, 밟았을 때 나는 특유의 소리와 질감 때문에 아이들에게 반응이 좋다. 강재와 함께 사용하면 서로의 단점을 보완할 수 있다.

감: 솔라파인, 스마트모듈, 팰릿스케이프 등 각종 소재를 모듈화 하는 데 관심이 많다. 모듈 작업에서 팰릿의 매력은 무엇인가?

국: 일전에 국립현대미술관 청주에서 수장고의 특수팰릿 제작에 관한 심사를 한 적이 있다. 작품 수장과 전시를 위해 특수팰릿를 제작하는 시도였다. 그러나 제안된 안들은 불필요한 성능과 기능을 더한 고가의 모듈이었다. 특수한 목적을 위해 쓰인다고 해서 특별해야 하는 것은 아니다. 팰릿는 단순한 모듈이라는 점이 가장 큰 특징이다. 단순한 모듈을 모아 특수하게 만들어내는 '디자인'이 중요하다. 기본 모듈에서 색상이나 형태를 조금만 바꿔도 다양한 용도에 활용할 수 있다. 두께가 좀 더 얇아지고 투명도와 색상이 다양해진다면 파티션, 가구 같은 인테리어 자재부터 건축 내외장재까지 다양하게 쓰일 것이다.

수원한국지역도서전에서는 2,300개의 팰릿를 무대, 의자, 전시 부스, 도서 전시대에까지 폭넓게 적용했다.

Pop-Up City @ 수원한국지역도서전

설계 국형걸(HG-Architecture)
위치 경기도 수원시 팔달구 신풍동 363-31
대지면적 600m²
마감 플라스틱 팰릿
완공 2019년 9월

사용한 플라스틱
자재명 플라스틱 팰릿
규격 1,100×1,100×150mm
가공업체 동일플라스틱

경남도립미술관 마당에 설치한 파빌리온. 수평, 수직 부재가 번갈아 가며 두 개의 큰 원이 모인 8자 형상을 만든다.

Hide-and-Seek @ 경남도립미술관

설계 국형걸(HG-Architecture)
위치 경상남도 창원시 의창구 용지로 296 경남도립미술관
대지면적 295m²
마감 플라스틱 팔레트
완공 2019년 8월

사용한 플라스틱

자재명 플라스틱 팔레트
규격 1,100×1,100×150mm
가공업체 내소날프라텍

국형걸(HG-Architecture 대표)
연세대학교 건축공학과와 컬럼비아 건축대학원을 졸업하였고 미국건축사(AIA)이다. 현재 이화여자대학교 건축학전공 부교수이다. 2012년 건축디자인연구소 HG-Architecture를 설립하였고, 다양한 스케일의 실험적 건축디자인 작업을 진행해왔다. 대표작으로는 양평 병산리펜션, 포스코 친환경조형물 솔라파인(Solar Pine), 국립현대미술관 전시 파트투홀(Part to Whole) 등이 있으며, 다수의 공모전에 당선 혹은 입선하였다. 현재 서울시 공공건축가로 활동하고 있으며, 2017년 문화체육관광부가 주관하는 '젊은건축가상'을 수상하였다.

4
SUPPLEMENT

일상에서 만나는 플라스틱

길거리, 쇼핑몰과 놀이동산, 혹은 우리집 나만의 공간 등 일상에서 보다 쉽게 만나는 플라스틱을 소개한다.

정교함으로 빚은 일상의 오브제: 해턴

글 **정경화** 자료 제공 **해턴**

디자이너 황경선과 김민아, 윤하진이 운영하는 브랜드 해턴은 아크릴PTp08의 은은한 색감과 **투명함**을 이용해 꽃병, 테이블 등의 오브제를 선보인다. 그들은 일상의 공간에 행복을 더했으면 하는 바람을 담아 직접 제품을 디자인하고 만든다. 손수 하나하나 색을 입히고 세심하게 그러데이션을 조절해 완성한 오브제는 제품이라기보다는 수공예라는 단어가 어울린다.

황경선 대표는 "아크릴은 물성이 예민한 편이라 가공을 최소화할수록 아름다움이 잘 드러난다. 그래서 원이나 직사각형처럼 단순한 형태로 디자인하고, 대신 색감과 빛이 내는 효과에 집중했다"고 말한다. 시각디자이너 김민아는 소재의 아름다움을 가장 잘 표현하는 방법으로 그러데이션을 꼽으며 "아크릴에 빛이 산란되면 프리즘 같은 효과가 나타나는데, 여기에 그러데이션을 더하면 색의 변화가 훨씬 풍성해진다"고 설명한다.

그들은 아크릴 단일 재료 외에 콘크리트, 목재 등 다른 소재와 조합한 작품도 제작한다. 가장 최근에 선보인 피니언은 콘크리트를 다루는 디자인 그룹 랩크리트LAB.CRETE와 협업한 작품이다. 그들은 물성이 상반되는 두 소재를 조합해 테라조처럼 아예 새로운 자재를 만들었다. 상판을 제작하거나, 타일처럼 사용해 바닥재, 계단, 벽체를 마감할 수도 있다.

앞으로의 행보를 묻는 질문에 황경선은 "랩크리트와 함께 피니언의 다음 시리즈를 만들고 있다. 그리고 아크릴을 좀 더 가볍게 소비할 수 있도록 마리모 어항처럼 작고 귀여운 제품을 디자인하고 있다(웃음)"고 답했다. 김민아는 "금속과 조합한 새로운 제품도 준비 중"이라며, "금속은 아크릴과 가공 방법이 비슷해, 같이 쓰면 시너지가 좋을 것"이라고 기대를 전했다.

"아크릴은 사람들을 매료시키는 따뜻한 투명함을 지녔다. 부피감이 잘 드러나고 색을 내기에도 좋다. 유리보다 깨짐이 덜하고, 파손되더라도 어느 정도는 재가공해 복구가 가능하다."

"수공예 작업을 거치는 제품이다 보니 최종 가격이 높을 수밖에 없다. 우리는 그에 맞는 품질과 아름다움을 구현해 포인트 오브제로서의 효과를 확실히 내기 위해 노력한다."

제품 제작 과정

먼저 도면에 맞춰 형태를 제작한 다음, 표면을 매끈하게 다듬고 광을 내는 버핑 작업을 거쳐 바탕체를 만든다. 표면이 탁했던 아크릴은 이 과정을 거치며 크리스탈처럼 투명해진다. 가공업체에서 바탕체를 완성하면, 세 디자이너가 손수 염색해 해턴만의 색을 더한다.

염색 과정은 플라스틱 입자를 느슨하게 만들어주는 계면활성제를 넣는 것에서부터 시작한다. 표면의 기공이 살짝 열리면, 미리 끓여 둔 염료에 담가 색을 입히고 다시 기공을 닫는다. 그러데이션은 염료에 담그는 시간에 차이를 두어 표현한 것으로, 끓는 염료에 담긴 부분만 염색되는 원리를 응용했다.

그들은 "제작 과정에서 불량률을 10%에 가깝게 만드는 데에 꼬박 3년이 걸렸다"고 말한다. 아크릴과 염료는 같은 제품이라도 재료마다 상태가 미묘하게 달라, 그때그때 눈으로 보면서 염료의 온도나 양 등을 세심히 조정했다. 또 표면에 흠집이나 기계 날자국이 잘 생기고, 색을 입히면 자국이 더 도드라지는 소재의 단점을 해결하기 위해 투명한 상태일 때부터 표면의 품질을 좋게 유지하는 방법을 부지런히 고민하기도 했다.

해턴의 제품을 만날 수 있는 온·오프라인 공간

온라인
해턴
(www.hattern.com)
모노폴리엠
(www.monopolym.com)
에이치픽스
(www.hpix.co.kr)

오프라인
에이치픽스 도산점
(서울특별시 강남구 언주로 736 EG빌딩 1, 2층)
에이치픽스 한남점
(서울특별시 용산구 이태원로 255-1 더엠빌딩 2층)
10 꼬르소꼬모 서울
(서울특별시 강남구 압구정로 416)
사운즈 한남 스틸북스
(서울특별시 용산구 대사관로 35)
서울웨이브 아트센터
(서울특별시 서초구 잠원로 145-35)

해턴의 대표 제품

제로퍼스툴
'버려지는 목재를 어떻게 하면 상판으로 만들 수 있을까?'라는 질문에서 시작한 그들의 첫 번째 작업이다. 스툴을 만들면서 버려지는 목재가 없다는 뜻에서 제로퍼스툴이라는 이름을 붙였다. 구조체를 완성하고 남은 목재를 틀에 담고, 에폭시 수지 PTs03를 부은 다음 굳혀서 상판을 만든다. 버려진 것을 재사용한 것이 아니라 새로운 제품이라는 느낌을 주기 위해 상판이 하나의 패턴처럼 느껴지도록 디자인했고, 수지에 색을 입혀 목재와 대비되는 느낌을 살렸다.

멜로우 콜렉션
색과 빛이 만들어내는 순간의 변화에 집중하는 인상주의 사조를 현대적으로 표현한 화병 오브제다. 안팎의 색과 형태를 다르게 디자인해, 두 가지 색이 조응하면서 전체 색감을 변화시킨다. 세 가지 형태, 열네 가지 색상 조합이 있다.
　멜로우 콜렉션의 버전 중 하나인 스푸마르는 한 면에 투명에서 반투명으로 변화를 주어 질감에서도 그러데이션을 구현했다. 질감의 경계 부분을 직접 손으로 버핑하는 과정을 추가로 거쳐야 해 단가가 더 높다.

피니언(with 랩크리트)
투명하고 매끈한 아크릴과 거칠고 묵직한 콘크리트를 테라조 방식으로 조합해 새로운 재료를 탄생시켰다. 패턴 디자인과 입자 조각의 색상까지 원하는 대로 정할 수 있고, 타일부터 상판까지 다양한 규격으로 제작이 가능하다. 아크릴을 조각조각 파낸 공간에 콘크리트를 주입하고, 반대로 다른 틀 안에 파낸 아크릴 조각을 배치한 다음 콘크리트를 부으면 같은 디자인을 반대 재료로 구현할 수도 있다.

자유롭게 형상을 조각하다: FRP 조형물

글 **심영규** 취재 협조 **해눈조형**

섬유강화플라스틱(FRP, p.114 참고)은 비중이 철의 약 4분의 1 정도로 가볍지만 중량 대비 강도가 높아 운반이나 설치가 쉽다. 열전도율은 철재의 약 200분의 1로 특별한 경우가 아니라면, 별도로 보온이나 보냉이 필요하지 않다.

가장 중요한 특징은 성형성이다. 형상을 자유자재로 구현하고 대량생산이 가능한 데다 부분적으로 보수 작업을 할 수 있어 유지관리가 쉽다. 이러한 특성은 조형물을 제작하는 데 요긴하게 쓰인다. 건축에서는 다양한 형태로 제작한 다음 스톤코트나 스타코 뿜칠로 마감해 석재 기둥처럼 연출하기도 한다. 또한 철재, 목재, 콘크리트 등 다른 소재와 접착이 쉽고, 외관이 미려하고 반투명하다.

제작 방법은 형상 또는 용도에 따라 수적법 hand lay up, 스프레이법 spray lay up, 필라멘트 와인딩법 filament winding 등이 있다. 수적법은 유리섬유와 수지를 혼합하여 몰드에 적층하는 방법이다. 작업자가 붓이나 롤러로 손수 작업하며, 주로 복잡한 형태의 조형물을 만들 때 사용한다. 필라멘트 와인딩법은 FRP의 연속 필라멘트를 맨드릴 mandrel 표면에 장력을 가하면서 감아 붙여, 가열 경화한 다음 빼내는 성형법으로 높은 강도와 탄성을 지닌 파이프를 생산한다.

FRP로 각종 조형물을 제작하는 해눈조형의 박지민 실장은 "제품을 대량생산하는 경우 금형으로 압출하는 방식이 있지만, 조형작업은 주로 수적법을 사용한다"며, "작은 조형물의 경우 3D프린팅이, 크기가 1m를 넘는 경우에는 FRP가 유리하다"고 말한다. 일부 조형물은 스티로폼으로 만들고 우레아 코팅을 하기도 하는데 이는 내구성이 약하다고 지적한다.

"FRP는 대량생산이 가능하고 부분적으로 보수 작업이 가능해 조형물 제작에 요긴하게 쓰인다."

"FRP로 조형물을 제작하면 복잡한 모양을 한번에 성형할 수 있고, 커다란 형상을 여러 조각으로 나누어 제작하고 현장에서 조립하는 것도 가능하다."

조형물은 먼저 스티로폼 같은 소재로 원형을 조각한 뒤 FRP로 몰드를 만들고 여기에 다시 FRP를 적층해 성형한다. FRP의 원자재는 폴리코트polycoat로, 불포화 폴리에스터 계열의 적층용 수지 중 몰드용 제품을 사용한다. 폴리코트에 경화제와 활석(탈크, talc)을 넣어 점도를 조정하고 강도를 보강한다. 필요한 강도에 따라 유리섬유 매트를 두세 번 겹치고 폴리코트 원액을 여러 차례 덧발라 완성한다. 두께는 크기별로 다르다. 예를 들어 길이 2m의 조형물인 경우 5~8mm의 두께로 제작한다. 이후 표면을 매끄럽게 다듬고 색을 입힌다.

 FRP 조형물은 플라스틱과 마찬가지로 가시광선에 약하다. 야외 설치물의 경우 10년 정도 지나면 부식과 변색으로 인해 하자가 생긴다. 또 인장압축력에 약한 편이라 균열이 생기거나 깨질 수 있다. 반대로 장점은 보수가 쉽다. 유리섬유를 다시 겹치고 폴리코트를 발라 수선이 가능하다. 또한 틀만 있다면 같은 모양의 조형물을 여러 번 제작할 수 있다. 단 FRP는 경화하면서 60~70℃ 정도의 열이 발생하기 때문에 10회 이상 재사용하면 틀에 변형이 생길 수 있다.

해눈조형

주소	경기도 파주시 소라지로177번길 87
대표 제품	FRP조형물
홈페이지	www.haenoon.com

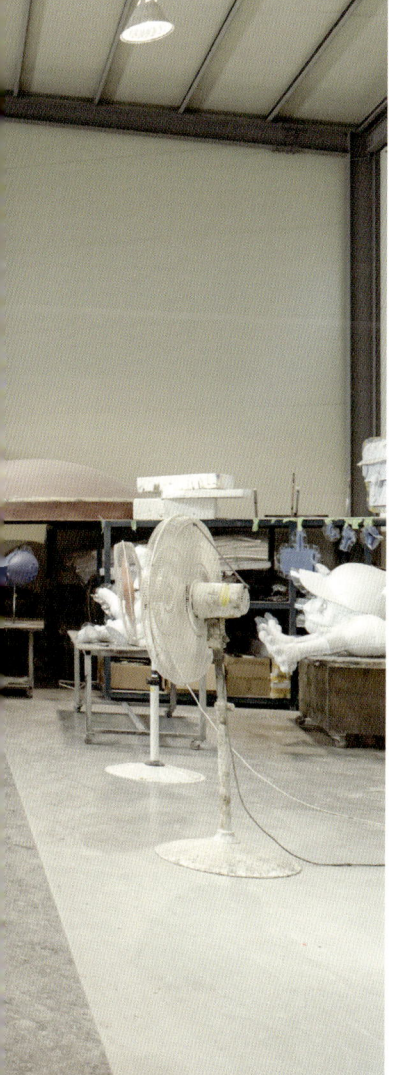

격자무늬가 만드는 균일한 아름다움: FRP 그레이팅

글 정경화 취재 협조 **근영실업, 금강스틸산업**

길을 걷다 보면 배수구를 덮은 격자 모양 그레이팅을 쉽게 발견할 수 있다. 빗물을 빠르게 배수하면서 사람이나 자동차가 빠지지 않도록 하기 위해 설치하는 것으로, 대부분은 주철 제품이지만, FRP, 폴리에틸렌 등의 플라스틱으로 제작하기도 한다.

그중에서도 FRP 그레이팅은 가벼운 무게와 튼튼한 물성을 갖춰 주철 제품의 효과적인 대체재로 꼽힌다. 가벼운 무게 덕분에 설치, 교체가 쉽고, 내화학성, 내부식성, 전기절연성이 높아 화학 공장, 수도와 전력 시설 등 부식이나 감전 문제로 금속을 적용하기 어려운 환경에 제격이다.

플라스틱답게 다양한 디자인도 강점이다. FRP 그레이팅은 틀 안에 유리섬유와 플라스틱 수지를 채우고 80~100℃의 온도에서 건조 경화시켜 만든다. 틀만 제작하면 원하는 모양대로 생산할 수 있고, 원료 단계에서 안료를 첨가해 색을 입히므로 색상 선택도 자유롭다.

본래 지하철 피난 통로나 옥외 배수구 덮개 등 토목 분야와 선박에 주로 적용되었으나, 소재의 여러 장점 덕분에 건축에서도 종종 모습을 보인다. 천장재와 바닥재, 펜스나 문의 재료로 사용하고, 외장재나 인테리어 자재로 활용하는 경우도 점차 늘고 있다. 건축가 조진만은 '내를 건너서 숲으로 도서관'(2018)의 입면에 연두색 FRP 그레이팅을 적용해 직사광선을 차단하면서 가까운 비단산과 풍경이 이어지도록 했다. 건축가 문훈은 신축 건물과 기존 건물 사이에 온실 용도의 구조물을 짓는 '사이 프로젝트'(2013)에서 여러 규격의 FRP 그레이팅을 외장재로 적용했다. 가벼운 무게 덕에 기존의 철 구조물에 하중 부담을 주지 않으면서 다양한 크기의 그리드로 공간에 재미난 분위기를 더했다. 이 밖에 상업 공간의 파사드나 파티션에 적용돼 다채로운 색감과 격자무늬의 아름다움을 드러내기도 한다. 다만 금속, 무기질 자재에 비해 난연성이 떨어져, 건축자재로 사용하는 경우, 법규에 대한 검토가 필요하다.

"FRP 그레이팅은 외장재나 인테리어 자재로 쓰여 공간에 다채로운 색감과 격자무늬의 아름다움을 드러내기도 한다."

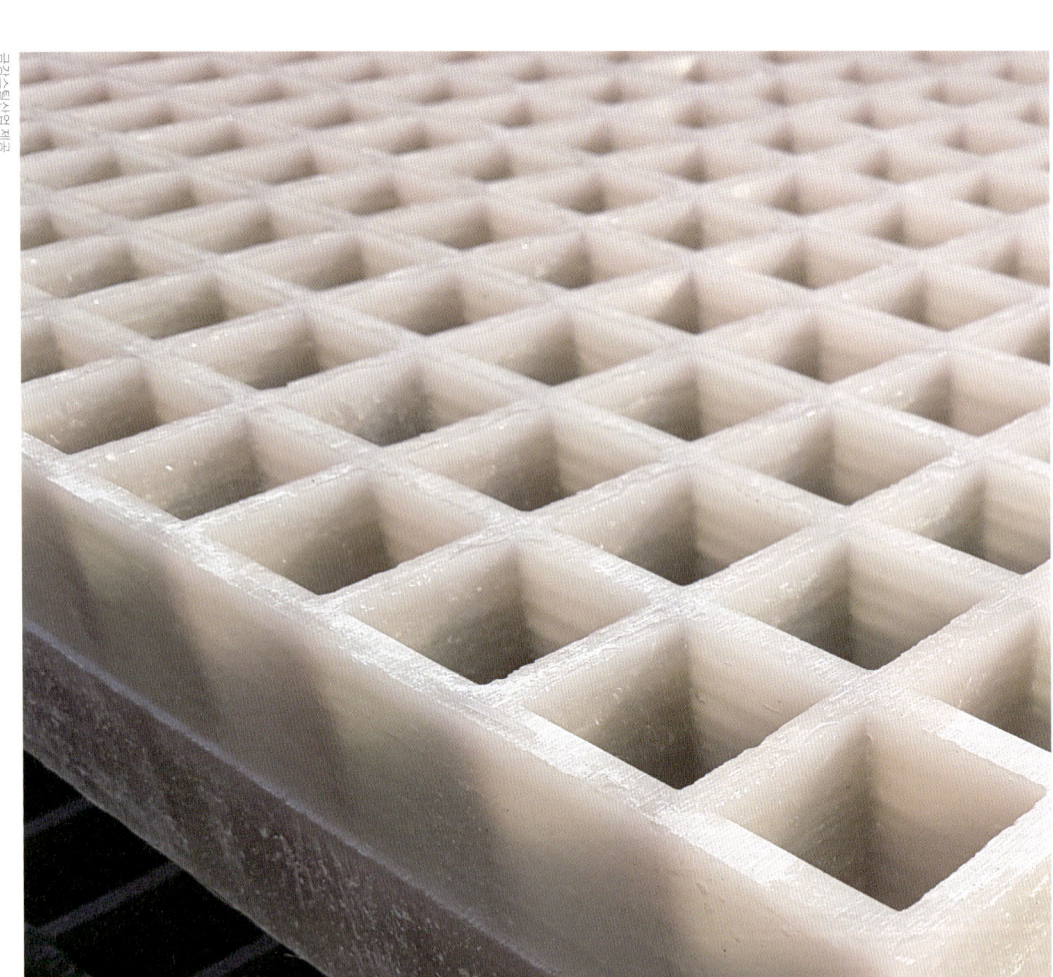

"틀만 제작하면 원하는 모양대로 생산할 수 있고,
원료 단계에서 안료를 첨가해 색을 입히므로
색상 선택도 자유롭다."

제품의 규격은 3,007×1,007×40mm를 주로 사용하지만 재단이 자유로워 더 작은 크기로도 쓸 수 있다. 격자는 정사각형과 직사각형이 있고, 규격은 기본형인 40×40mm, 50×50mm와 미니격자인 20×20(19×19)mm가 대표적이다. FRP 그레이팅 생산·유통 업체인 근영실업의 김준성 상무는 "주문제작도 가능하지만, 금형비가 추가되거나 최소 물량이 정해져 있어 기성 제품을 사용하는 것이 합리적"이라 말한다. 업체마다 보유한 금형 디자인이 다르고, 종류가 다양하니 온라인 홈페이지를 참고하자. 가격은 40×40mm의 기본 격자형 기준 단위면적(1m^2)당 9만 원대로, 철재 제품보다 다소 비싸지만 시공 비용이나 제품의 수명을 고려한다면 더 경제적인 선택이 될 수 있다.

제품은 주로 철제 그레이팅, 콘크리트 맨홀 등 토목 자재를 제조, 유통하는 회사에서 생산한다. 업체에서는 FRP를 이용해 I형 바, H형 바, L형 앵글, C형 채널, 각형관, 원형관(파이프) 등의 여러 건축, 토목 자재도 함께 제조한다.

근영실업

주소	서울특별시 강남구 삼성로103길 28
대표 제품	복합소재, FRP 그레이팅
홈페이지	www.keunyung.com

금강스틸산업

주소	전라북도 군산시 중가도길 8
대표 제품	철제 그레이팅, 알루미늄 T-바, 하모니 그레이팅, FRP 그레이팅
홈페이지	www.kk2909.co.kr

기타 FRP제작업체

한길산업 www.frpgrating.co.kr
㈜가온그린텍 www.gaonco.com
㈜서울프랜트 www.seoulfrp.com

참고자료

단행본
- 김영창, 『제품개발과 디자인을 위한 재료와 가공』, 태학원, 2016.

웹사이트
- 단팔코리아 www.danpalkorea.co.kr
- 두인폴리캠 www.polygal.co.kr
- 아키데이터 www.archidata.co.kr
- SK케미칼 www.skchemicals.co.kr
- 프래그 랩 www.prag-lab.com
- 플라스틱코리아 www.plastickorea.co.kr
- 흥왕아크릴 www.heungwang.com